Oldenbourg Interpretationen

Herausgegeben von
Bernhard Sowinski und Reinhard Meurer

begründet von
Rupert Hirschenauer (†) und Albrecht Weber

Band 40

Theodor Fontane

Unterm Birnbaum

Interpretation von
Rudolf Schäfer

Oldenbourg

Die Seitenzahlen in Klammern beziehen sich auf folgende Ausgabe:
Theodor Fontane: „Unterm Birnbaum". Stuttgart 1968, Neudruck 1989.
(= Reclams Universal Bibliothek, Band 8577/78)

CIP-Titelaufnahme der Deutschen Bibliothek
Schäfer, Rudolf:
Theodor Fontane, Unterm Birnbaum :
Interpretation / von Rudolf Schäfer. – 2., überarb. u. erg. Aufl. –
München :
Oldenbourg, 1991
  (Oldenbourg-Interpretationen ; Bd. 40)
  ISBN 3-486-88639-8
NE: GT

© 1991 R. Oldenbourg Verlag GmbH, München

Das Werk und seine Teile sind urheberrechtlich geschützt. Jede Verwertung in anderen als den gesetzlich zugelassenen Fällen bedarf deshalb der vorherigen schriftlichen Einwilligung des Verlages.

2., überarbeitete und ergänzte Auflage 1991
Unveränderter Nachdruck   01 00 99 98 97
Die letzte Ziffer bezeichnet lediglich das Jahr des Drucks.

Lektorat: Ruth Bornefeld
Herstellung: Karina Hack
Umschlaggestaltung: Klaus Hentschke
Gesamtherstellung: R. Oldenbourg, Graph. Betriebe GmbH, München

ISBN: 3-486-**88639**-8

Inhalt

1	**Nur eine Kriminalgeschichte?**	7
1.1	Inhaltsangabe	7
1.2	Entstehung	7
1.3	Bezug zu „Vor dem Sturm"	8
1.4	Kritische Stimmen	9
1.5	Gegenkritik	16
2	**Stoff und Gestaltung**	20
2.1	Der Schauplatz der Erzählhandlung	20
2.2	Herkunft des Stoffes	22
2.3	Gliederung der Erzählung	23
2.4	Erzähltechnik	25
3	**Tschechin und Tschechiner**	31
3.1	Lokalbeschreibung und Personendarstellung	31
3.2	Figurenkonstellationen und soziale Hierarchie	33
4	**Zeit und Zeitgeschichte**	36
4.1	Zeitpunkt und Zeiterstreckung	36
4.2	Polenaufstand und Tschechiner Mentalität	37
4.3	Französisches „Juste-Milieu" und preußische Arroganz	40
4.4	Berliner Kulturleben und dörfliche Abendunterhaltungen	42
5	**Abel Hradscheck**	45
5.1	Der „Zuzüger"	45
5.2	Beweglichkeit und Unruhe	46
5.3	Stellung zu den Nachbarn	49
5.4	Psychologie eines Spielers	52
6	**Ursel Hradscheck**	60
6.1	Mitleidige Liebe	60
6.2	Attraktivität	62
6.3	Anspruch und Wirklichkeit	63
6.4	Glaube und Schuld	67
7	**„Mutter" Jeschke**	71
7.1	Geelhaar und Jeschke	71
7.2	Im Abseits	72
7.3	„Alte Hexe"	73
7.4	Die Überlegenheit der Unterlegenen	76
	Unterrichtshilfen	
	1 Didaktische Aspekte	82
	2 Didaktisch-methodische Literatur	87

3 Unterrichtsreihen 92
4 Unterrichtssequenz 94
5 Klassenarbeiten und Klausurvorschläge 105

Anhang
Anmerkungen 107
Literaturverzeichnis 111
Zeittafel zu Leben und Werk 114

1
Nur eine Kriminalgeschichte?

1.1
Inhaltsangabe

In dem Oderbruchdorf Tschechin ermordet der tiefverschuldete Kaufmann und Gastwirt Abel Hradscheck, um seinem finanziellen Ruin zu entgehen, den reisenden Geschäftsvertreter Szulski. Er lenkt den dringenden Tatverdacht mit Hilfe seiner Frau durch ein ausgeklügeltes Täuschungsmanöver, in dem ein Birnbaum eine Rolle spielt, von sich ab und kommt bei dem Versuch, die letzten Spuren seiner Tat zu verwischen, auf nicht eindeutig zu klärende Weise zu Tode.[1]

1.2
Entstehung

Theodor Fontane (1819–1898) begann seine Arbeit an *Unterm Birnbaum* im Februar 1883, intensivierte sie aber erst im darauffolgenden Jahr, als er dafür einen Verleger gefunden hatte.[2] Ende November 1884 war die Erzählung „im Brouillon" fertig, und bis zum April 1885 erhielt sie den letzten Schliff. Als Titel war zunächst *Fein Gespinst, kein Gewinnst*, dann *Es ist nichts so fein gesponnen, s' kommt doch alles an die Sonnen* vorgesehen, bis diese sentenz- und sprichwortartigen Titel dem neutraleren und kürzeren *Unterm Birnbaum* weichen mußten. Am 23. April 1885 ging das Manuskript an den Verleger, und im August und September des gleichen Jahres erschien die Erzählung in dem berühmten Familienblatt „Die Gartenlaube" als Fortsetzungsroman in neun Teilen. Daraufhin erhielt Fontane das Angebot eines anderen Verlegers, das Werk in Buchform herauszubringen. Diese Buchausgabe erschien Mitte November 1885, also noch im gleichen Jahr, als 23. Band der „Groteschen Sammlung von Werken zeitgenössischer Schriftsteller".[3]

1.3
Bezug zu „Vor dem Sturm"

Bestimmte stoffliche Elemente in der Erzählung weisen eine innere Nähe auf zum Erstlingswerk Fontanes als erzählender Dichter, zu seinem Roman *Vor dem Sturm*, der nach über zehnjähriger Arbeit 1878 erschienen war. Viele seiner Kapitel haben das Oderbruch oder die Anhöhen, die es westlich begrenzen, zum Schauplatz der Begebenheiten. Das 7. Romankapitel „Im Kruge" führt dem Leser vier „bäuerliche Honoratioren" vor, zu denen sich noch der Gastwirt Scharwenka gesellt, der „durch Erbschaft von Frauenseite her" der reichste Mann im Dorfe ist und dennoch nicht für „voll und ebenbürtig" angesehen wird:

> Das hatte zwei gute Bauerngründe. Der eine lief darauf hinaus, daß erst sein Großvater [...] mit andern böhmischen Kolonisten ins Dorf gekommen war; der andere wog schwerer und gipfelte darin, daß er allem Abmahnen zum Trotz von dem wenig angesehenen Geschäft des „Krügerns" nicht lassen wollte. [...] Der eigentliche Grund aber, warum er den Bierschank und das „Knechte bedienen" nicht aufgeben wollte, lag keineswegs bei den Dukaten. Es war [...] [ihm, R. S.] um die tagtägliche Berührung mit immer neuen Menschen zu tun; das Plaudern, vor allem das Horchen, das Bescheidwissen in anderer Leute Taschen, d a s war es, was ihn bei der Gastwirtschaft festhielt.

Sieht man vom Motiv des ererbten Reichtums einmal ab, so scheint diese Gastwirtfigur mit ihrer böhmischen Herkunft und ihrem seelischen Habitus auf Abel Hradscheck vorauszudeuten, genauso wie die vier „bäuerlichen Honoratioren" Ganzbauer Kümmeritz, Anderthalbbauer Kallies, Ganzbauer Reetzke und Ganzbauer Krull auf die vier Stammgäste und Kegelbrüder Hradschecks, auf Kunicke (wie Kümmeritz ein alter Soldat und überdies ein „Achtzehnhundertdreizehner"), Orth, Quaas und Mietzel. Und das alte, häßliche, körperlich deformierte Hoppemarieken, dem das 8. Kapitel gewidmet ist, nimmt sich als skurrile Figur wie eine Halbschwester Mutter Jeschkes in *Unterm Birnbaum* aus.[4]

In *Vor dem Sturm* hatte sich Fontane vorgesetzt,

> eine große Anzahl märkischer (d.h. d e u t s c h - w e n d i s c h e r, denn hierin liegt ihre Eigenthümlichkeit) Figuren aus dem Winter 12 auf 13 vorzuführen, Figuren wie sie sich damals fanden und im Wesentlichen auch noch jetzt finden. Es war mir nicht um Conflikte zu thun, son-

dern um Schilderung davon, wie das große Fühlen das damals geboren wurde, die verschiedenartigsten Menschen vorfand und wie es auf sie wirkte. Es ist das Eintreten einer großen Idee, eines großen Moments in an und für sich sehr einfache Lebenskreise [...]⁵

Dieser Vorsatz führte im Roman zu einem panoramahaften Neben- und Nacheinander von Anekdotischem, Porträthaftem, sich verselbständigenden zuständlichen Details zuungunsten der Komposition, einer straffen formalen Durchgestaltung. Dies sah bereits die zeitgenössische Kritik, und Fontane, der zunächst seinen „Vielheitsroman" verteidigte,⁶ machte sich nach und nach diese kritischen Einwände zu eigen. So schrieb er einem Kritiker: „Wie fein die Bemerkung, daß das, was ein Epos sein solle, hier im wesentlichen eine Aneinanderreihung von Balladen sei. Es trifft nicht nur den schwachen Punkt, es erklärt ihn auch [...]".⁷ Dem Verleger bekennt er: „[...] die Schwächen liegen genau da, wo die Vorzüge liegen, und wenn einerseits das Balladen- und Wanderungskapitel-hafte dem Buche Frische, Fleisch und Leben leiht, so hebt es doch partiell die Kunstform des Ganzen auf [...]".⁸

Diese Einsicht Fontanes führte in der Folge dazu, daß er weitere Romanprojekte zunächst einmal liegenließ. „Das größere dramatische Interesse, soviel räum ich ein, wird freilich immer den Erzählungen ‚mit einem Helden' verbleiben [...]"⁹. Und so kam es denn zur Ausarbeitung einer Reihe kleinerer, novellenartiger Erzählungen mit nur einer Mittelpunktfigur – *Grete Minde, Schach von Wuthenow, Ellernklipp* u.a. –, einer Reihe, in die auch *Unterm Birnbaum* gehört.

1.4
Kritische Stimmen

Zusammen mit den drei anderen „Kriminalgeschichten" Fontanes – *Grete Minde* (1879), *Ellernklipp* (1881) und *Quitt* (1891) – teilt *Unterm Birnbaum* das Los, bis in unsere Tage hinein als künstlerisch zweitrangig eingestuft zu werden. Schon die Veröffentlichung in der „Gartenlaube" soll nicht sonderlich beachtet und von der Buchausgabe sollen nur einige hundert Exemplare verkauft worden sein.¹⁰

Ein Rezensent F. K. (Karl Frenzel?) schrieb 1885:

Der Kern der Geschichte ist nicht eben bedeutend, die Ausführung, die mannigfaltigen Arabesken darum, spielt doch sogar der polnische Krieg von 1831 und das Königstädtische Theater in Berlin mit hinein, machen ihren Reiz aus. Die Behaglichkeit der Plauderei tut es uns an, das Kleinleben des Dorfes, die Frauen der Bauern, welche auf die Wirtin, die sich gern als gebildete Frau aufspielt, neidisch sind, während den Pfarrer dies feinere Wesen besticht; die alte Hexe Jeschke, die in der Geschichte die Rolle des Schicksals übernimmt; der Schulze, der Gendarm, der Weinreisende – alle werden mit großer Anschaulichkeit geschildert und durch eine Fülle anekdotischer Züge uns nahegerückt. Trotz der geringen Spannung, da wir von vornherein die Schuldigen kennen, weiß Fontane doch durch seine Erzählkunst unsere Aufmerksamkeit und Teilnahme, indem er ihr fortwährend neue genrebildliche Szenen vorführt, bis an das Ende festzuhalten.[11]

Eingehender äußert sich Ludwig Pietsch, ebenfalls 1885:

Wenn die Leidenschaft des Hungers (Ehr- oder Geldgeizes) und der Liebe (incl. des Hasses und der Eifersucht) den ‚Helden' resp. die ‚Heldin' dazu bewegen, ein Crimen zu begehen, eine ‚Schuld' auf sich zu laden, muß wenigstens im deutschen Roman und in der deutschen Novelle die poetische Gerechtigkeit ihres Amtes walten, den Verbrecher vor den irdischen oder himmlischen Richter schleppen, und der Dichter hat eine ‚Kriminalgeschichte' geschrieben. Fontanes köstliche kleine Erzählung *Unterm Birnbaum* […] hat dieselbe Bezeichnung und Aburteilung über sich ergehen lassen müssen […] Seit Eva die Menschheit ums Paradies gebracht hat, fragt man bekanntlich mit Fug und Recht bei dem Forschen nach den Quellen und Wurzeln jedes Verbrechens: ‚Où est la femme?'. Fontanes Novelle gibt eins der seltenen Beispiele einer verbrecherischen Handlung, deren Gedanke nur vom Manne ausgeht. Erst durch seine Überredungskunst und die kluge Einwirkung auf die Schwächen der Frau gelingt es ihm, diese zur Teilnahme an dem schändlichen Werk zu bestimmen. Sie wird seine Tatgenossin, und ihr ferneres Dasein wird durch das Schuldbewußtsein noch viel tiefer und gründlicher verstört als das seine. Eins nur bleibt der Erzähler uns schuldig: er überzeugt uns nicht völlig zum Glauben, daß diese Verführung Frau Ursulas zur Mitwirkung bei der Ausführung des grausigen Vorhabens ihrem dazu entschlossenen Manne, dem Krämer Hradscheck, wirklich gelungen sein könne. Da vermißt man die Einfügung eines Gliedes in der Kette, eines noch fehlenden Motivs. Daß eine Frau wie diese, weil sie Angst vor dem Rückfallen in die einstige Armut hat, sich von ihrem Manne bestimmen lassen sollte, in einen Mord zu willigen und dabei Hilfe zu leisten, will uns schlechterdings nicht einleuchten. Vorher und nach dem

Entschluß dagegen entwickelte sich streng folgerichtig und mit zwingender Notwendigkeit eins genau aus dem andern. Die Mord- und Kriminalgeschichte bildet den Kern der Erzählung. Aber es ist nicht nur das Unheimliche, das Grausen der Tat und das Interesse an dem ferneren Schicksal der Täter, was den Leser der Novelle so gefesselt und gebannt hält, daß er das Buch nicht aus der Hand zu legen vermag, bis er zur letzten Seite gelangt ist. Die bewundernswerte Kunst des Erzählens, aber nicht zum wenigsten auch die des Verschweigens bildet wohl mehr noch die Ursache dieser Wirkung. Dazu kommt die unübertreffliche Zeichnung der märkisch-bäuerlichen Figuren, die echt oderbruch dörfliche Lokalfarbe, die vollendete Malerei von Wetter-, Jahres- und Tageszeitstimmungen, die plastische Klarheit und Anschaulichkeit in den Ortsschilderungen. Gestalten wie die alte Jeschke, der Gendarm Geelhaar, der Hausknecht Ede, der brave Prediger Eccelius, die Bauern und Müller des Dorfes, der unglückliche Reisende für Olszewski und Goldschmidt in Warschau (!) – das sind mit verhältnismäßig wenigen Meisterstrichen entworfene Menschenwesen von einer Lebensfülle, einer persönlichen Bestimmtheit und Überzeugungskraft, wie sie auch Menzel, Turgenjew und Fritz Reuter den von ihnen gezeichneten nicht in höherem Maße verliehen haben. Um zur vollen Erkenntnis und Würdigung der Komposition dieser Erzählung zu gelangen, lese man sie sofort noch ein zweites Mal. Dann erst wird man sich der ganzen Feinheit der Motivierung, des Aufbaus der Handlung, der Schürzung aller Fäden bewußt und genießt erst ganz die Arbeit des Künstlers, den man beim ersten Lesen – gepackt und beherrscht von der Gewalt des stofflichen Interesses – über seiner Schöpfung fast vergaß.

In der jüngsten Vergangenheit urteilte man wesentlich strenger. Beeindruckt von den bedeutenden Werken der späteren Zeit Fontanes, gönnte man seinen vier „Kriminalgeschichten" nur einen Seitenblick, der mehr die Gruppe als das einzelne Werk erfaßte, und tat sie als „anachronistisch"[12] ab. So schrieb Peter Demetz 1964:

Ich fürchte, man wird sich eingestehen müssen, daß Fontanes vier Kriminalgeschichten zu seinen geringeren Produktionen zählen. Zwischen Fontanes bedeutendsten artistischen Leistungen, wie *Unwiederbringlich* oder den *Poggenpuhls* auf der einen, und *Ellernklipp* oder *Unterm Birnbaum* auf der anderen Seite, liegt eine ganze Welt; man wünschte, er hätte *Grete Minde* nie veröffentlicht, *Ellernklipp* nie geschrieben. Manches mag ihn an der Kriminalgeschichte interessieren: Auch Fontane war Pragmatiker, der nicht abgeneigt war, das Überraschende und Wunderbare im Geflecht der Tatsachen zu entdecken. Auch er war an den Nuancen der seelischen Kausalität interessiert, die er wie mit dem Psychographen wiederzugeben hoffte; auch er fand sich angezogen vom komplizierten Widerspiel von Seele und ‚Milieu' – nur eben das Gespannte, Monolithische, Bizarre, Gräßliche und Blutige war seine Sache nicht. Er wußte das alles selbst sehr gut; indem er gegen die Substanz seines Talentes handelte, stieg er in artistische Niederungen hinab, die der Freund der Kunst eher meidet als sucht [...]¹³

Helmuth Nürnberger folgt getreu dieser Linie. Auch er meint, daß – anders als der Selbstmord, der in Fontanes Romanen eine so große, legitime Rolle spiele – der Mord außerhalb der Darstellungskraft des Dichters gelegen habe und daß es deprimierend sei zu sehen, wie ein solcher Künstler Mord und Brand, die „elementare Untat", literarisch zu organisieren versuche. Immerhin gesteht Nürnberger *Unterm Birnbaum* zu, eine fortdauernde Lebenskraft aus dem Schauplatz zu ziehen, dem Oderbruch, das Fontane genau gekannt und das ihn zu atmosphärisch dichten Schilderungen befähigt habe.¹⁴

Was die Kritiker unserer Tage offensichtlich stört, ist der Umstand, daß Fontane in seiner Geschichte vom gierigen Gastwirt auf den volkstümlichen Glauben vertraut, demzufolge der Täter an den Ort seiner Untat zurückkomme, und daß „ein unwandelbares Schicksalsgesetz" unabhängig von allem menschlichen Tun eine entsetzliche Sühne gefordert zu haben scheint. So wirksam dieses Prinzip der Rückkehr an den Tatort auch sei – es vereine Anfang und Ende der Erzählung im Kreise, der wiederum die wünschenswerte ästhetische Kontur sichere –, so habe es doch gefährliche Konsequenzen: „Die Wiederkehr des Gleichen in Schuld und Sühne deutet auf einen unmenschlichen Fatalismus, der sogleich (und hier liegt das Problem) mit der rationalen und humanen Welt der Fontaneschen Kriminalgeschichte in unlösbaren Konflikt gerät."¹⁵

Fritz Martini beginnt seine behutsame Darstellung komplexer Sachverhalte mit dem Hinweis auf die zeitgenössische Tradition der historischen Schicksalsnovelle. Sie habe Fontane zunächst weiterhelfen müssen auf seinem Weg zu eigener Formfindung. In dieser Tradition stünden seine vier „Kriminalgeschichten" mit ihrem daraus entnommenen Muster

- von vordrängendem stofflich-kriminalistischem Interesse,
- von rational aus Strichelchen zusammengesetzter Konsequenz des psychologischen Ablaufs,
- von Schuld und Sühne als „tragischem" Nexus,
- von Mischung des Grausigen mit dem Rührenden.

Das Fatum schwebt zwischen Kausalität und ‚religiös' Überwirklichem, zwischen Aberglauben und Gottesgericht, bösem Zufall und immanenter Notwendigkeit. Dies gibt dem Erzählten über das Psychologische und Moralische hinaus einen vagen irrationalen Hintergrund, der in [...] den späteren Kriminalgeschichten [...] immer mehr psychologisiert, nur noch in indirekten Spiegelungen gezeichnet wird. Der Ausbruch aus der Ordnung, ob aufgezwungen, ob schuldlos oder schuldhaft, führt zur Schuld und deren Konsequenzen, zur Strafe und Sühne, welche die Gerechtigkeit wiederherstellt. [...] Auch der konsequent realistische Psychologismus in *Unterm Birnbaum* [...] läßt einen irrationalen Zusammenhang von Tat und Strafe im Vorgang selbst, im Aberglauben der Bauern, in der dumpfen Religiosität der Frau, im Gewissen des Gastwirts durchschimmern. Wie bei Raabe und Storm bilden Charakter und Schicksal eine vorbestimmte Einheit, löst das bloße Dasein das Verhängnishafte aus. Das Schicksal wächst aus dem Menschen heraus, in ihm vorgebildet; er ist ihm hilflos und einsam preisgegeben. Charakter und Geschick müssen in ihrer unauflösbaren Identität als Vorgegebenes hingenommen werden. [...] Dieser Fatalismus ist bei Fontane [...] nicht nur auf den Calvinismus zurückzuführen, sondern, wie bei Raabe und Storm, die Konsequenz eines Immanenzdenkens, in dem das Gegebene seine realen und seine verdeckten irrationalen Begründungen in sich selbst hat und keine Wahlfreiheit zuläßt.[16]

Auch Müller-Seidel verweist auf historisch verfügbare literarische Muster, deren sich Fontane wiederholt bedient habe. Aber die realistisch-psychologische und gesellschaftskritische Darstellung, mit der Fontane auf der Höhe seiner Zeit stehe, kollidiere denn doch zu sehr mit dem Schicksalsmodell, an welchem er auch in *Unterm Birnbaum* festhalte, und dies besonders deutlich am Ende der Erzählung: „Nahezu jeder andere Schluß hätte sich empfohlen, nur nicht dieser; und es hätte der in mancher Hinsicht satirischen Darstellung weit mehr entsprochen, wenn der Mörder am Leben geblieben wäre, womöglich in Reichtum, Ansehen und Würden."[17]

Die gedankliche Struktur dieses „Schicksalsmodells", dem Ärgernis der Kritiker, hat Heinz Schlaffer freizulegen versucht. In Fontanes frühen Erzählungen verwirklicht sich dieses Modell in der Erzählhandlung: Ein einzelner versucht, aus seinen sozialen Normen auszubrechen; es folgt der Appell der Macht, dem sich der einzelne erst widerstrebend, dann ermattet und schließlich resignierend unterwirft; so wird seine „Schuld" gesühnt.

> Welche Macht weist der Handlung die immer gleichen Wege? Fontane hat sie, seiner religiösen Tradition verpflichtet, oft „Prädestination" oder „Vorherbestimmung", allgemeiner auch „Schicksal" genannt. Dieses Fatum steht über den Menschen, denen nur passive Reaktion, nicht selbständige Handlung möglich ist. Was den Personen als Zufall erscheint, ist ein notwendiges Glied im Schicksalszusammenhang, der die Zufälligkeit aufhebt. Der Lauf der Dinge ist determiniert und mit ihm der Mensch, dessen Geschichte sich zum Schicksal fügt. Aber dieser mächtigen Ordnung folgt das Individuum nur widerstrebend; beider Gegensatz macht die Spannung der Erzählung aus, Sieg der Ordnung und Unterwerfung des Helden bilden ihr Ende. Das Schicksal hat sein Opfer eingeholt, das sich durch Vergessen *(Ellernklipp)*, Vertuschen *(Unterm Birnbaum)* oder Flucht und Auswanderung *(Quitt)* der strafenden Gerechtigkeit, der Wirksamkeit des „Mysteriums von Schuld und Sühne" entziehen wollte. Die eigentliche Schuld des Menschen liegt weniger in seiner partikularen Untat als im prinzipiellen Widerstand gegen das System der Ordnung, im Verlangen nach Freiheit vom Zwang dieser Ordnung und nach eigenem Glück. Das Verbrechen ist nur Ausdruck der prinzipiellen Gegnerschaft zum Gesetz, das die Tat hervorlockt, um im Gegenzug das allzu selbständige Individuum vernichten zu können. Das Ich erhält Schuld zudiktiert (wie noch Effis Ehebruch), damit das individuelle Glücksverlangen abgelehnt und das Individuum zum Untergang verurteilt werden kann. [...] Dem Individuum gehört das Interesse, doch dem Allgemeinen der Sieg: So steht er (Fontane) mit dem Herzen auf der Seite der Schuldigen, aber zugleich erschrickt er vor dieser Regung, unterdrückt jedes Bekenntnis und stellt sich als Anwalt auf die Seite des Gesetzes: Aus dem Widerspruch zwischen menschlichem und moralischem Urteil rettet sich Fontane durch einen einseitigen moralischen Rigorismus, vertritt ein Gesetz, das er nicht glauben und nicht stürzen kann und opfert sein Gefühl.[18]

Briefliche Äußerungen Fontanes lassen – auch wenn man vorsichtig private Umstände und Unwägbarkeiten mildernd berücksichtigt – relativ deutlich fatalistisch-pessimistische Züge erkennen, die freilich an anderen Briefstellen durch Selbstironie, Witz und Humor balanciert werden:

> Wer mal 'drinsitzt, gleichviel mit oder ohne Schuld, kommt nicht wieder heraus.
> Je länger ich das Leben beobachte, je deutlicher seh ich, daß dem einzelnen mit einer eisernen Konsequenz des Schicksals das eine gegeben, das andre versagt wird.
> Es bleibt uns nichts übrig, als die Würfel zu nehmen, wie sie fallen. [...] Bei einem fallen die Würfel auf 0, bei dem andern auf 6; es gibt keine andre Rettung, als sich unterwerfen und nach unten zu sehn statt nach oben.[19]

Und zu seiner Erzählung *Unterm Birnbaum* äußert er sich in einem Brief vom 16. November 1885:

> Daß keine schöne, herzerquickliche Gestalt darin ist, wer dies auch gesagt haben mag, ist richtig und keine üble Bemerkung, das Schöne, Trostreiche, Erhebende schreitet aber gestaltlos durch die Geschichte hin und ist einfach das gepredigte Evangelium von der Gerechtigkeit Gottes, von der Ordnung in seiner Welt. Ja, das steht so fest, daß die Predigt sogar einen humoristischen Anstrich gewinnen konnte.[20]

Winfried Freund – und mit ihm Walburga Freund-Spork – ist einer der wenigen Interpreten, die erkennen, daß in einem literarischen Werk sich nicht nur die Intentionen des Autors, sondern gleichsam hinter dessen Rücken noch ganz andere verwirklichen, Intentionen, die erst im Verlaufe der Wirkungsgeschichte des Werkes ans Licht treten. Für Freund ist die dörfliche Gesellschaft von 1830 in *Unterm Birnbaum* ein ideologisches Spiegelbild derjenigen der „Gründerzeit", der Jahre nach der Reichsgründung 1871 also, als (wie es in *Frau Jenny Treibel* heißt) „die Milliarden ins Land kamen" und Geld- und Besitzdenken alles andere verdrängte. Ein solches „Denken in Geldwerten" und eine „Absorption des Bewußtseins durch materielle Erwägungen" findet er bei Abel Hradscheck wieder. Der Logik zufolge, durch die sich die Psychologie der Figur Hradschecks auszeichnet, erzeugt gerade das Zwanghafte in Hradschecks Denken seine Anfälligkeit für „Irrationalismen": „Die Anerkennung des Geldes als letztlich sinngebende Kraft und das Vordringen schicksalhafter Weltdeutung erweise sich als kausal aufeinander bezogen."[21] Deshalb ist der Tod Hradschecks in seinem Keller rational erklärbar, er ist nichts weiter als seine eigene „abergläubische Fehldeutung eines zufälligen Geschehens".

1.5
Gegenkritik

Alle diese ernsthaften Einwände sind nicht so ohne weiteres abzutun. Aber es wäre zu bedenken, daß im Grunde ein Werk von sich aus kein anderes neben sich duldet: darin liegt das Problematische nicht nur einer Bildergalerie oder eines Konzertprogramms, sondern auch eines Vergleichs literarischer Gegenstände. Der Blick, der alle vier Kriminalgeschichten Fontanes gleichsam simultan zu erfassen versucht, wird vielleicht durch Einsichten belohnt, die sich mehr auf den Dichter selbst und auf seine Entwicklung beziehen als auf jedes einzelne Werk und seine spezifische Eigenart. Eine solche Zusammenschau läuft fast immer Gefahr, aus der farbigen Mannigfaltigkeit eine graue Reihe des Immergleichen zu machen. So entgeht dem zusammenraffenden Blick, daß die Erzählung *Unterm Birnbaum* gerade aus der Reihe herausragt, in die sie immer wieder hineingestellt worden ist: „Im Unterschied zu den drei anderen Kriminalgeschichten Fontanes ist *Unterm Birnbaum* nicht der Bericht von einer gräßlichen Tat, deren Augenzeuge der Leser wird."[22] Die „elementare Untat" bleibt gerade so ausgespart wie etwa in *Schach von Wuthenow* die Szene, in der Victoire ihren ‚Fehltritt' begeht. Dieses Aussparen schafft gewiß nicht das Faktum des Mordes aus der Welt dieser Erzählung, zeigt aber doch, daß das künstlerische Interesse Fontanes in diesem Falle auf ganz anderen Gegebenheiten ruht. Der Tatsache des Mordes wird jedenfalls so entschieden das Gewicht genommen, sie wird so betont des Charakters einer ‚Hauptsache' entkleidet, daß sie fast nur noch als Dreh- und Angelpunkt in einer Fabel fungiert, die erst synthetisch (bis zur Ermordung Szulskis), dann analytisch entwickelt wird.

Faßt man *Unterm Birnbaum* ausschließlich als „Mordgeschichte" auf, dann rückt konsequenterweise der Kausalnexus der darin abrollenden Handlung, die Fabel der Erzählung, ihr Plot, in den Mittelpunkt der Betrachtung, während alles andere zunächst einmal den Blicken entschwindet. Da tauchen denn auch Fragen nach der logischen Verknüpfung der Fakten und nach der Stringenz des Hradscheckschen „Planes" auf. In Verfolg solcher Fragen, wie man sie eher an eine textexterne Wirklichkeit richtet, stößt man natürlich dann auch auf Schwachstellen des Plots, wie beispielsweise auf die von Hradscheck zur Tarnung benötigte fingierte Erbschaft, die in einem großen und auffälligen Brief angekündigt wird, von dem im dunkeln bleibt, wer ihn wo und wie aufgegeben hat; es wird dann klar, daß Hradschecks Plan keineswegs so fein eingefädelt und weitergesponnen ist, daß er keineswegs alles habe so vorausberechnen können, wie es dann tatsächlich eingetroffen ist, daß ihm vielmehr glückliche Zufälle und – last not least – eine immense und kaum glaubhafte Dummheit, Verblendung und Borniertheit seiner Mitwelt, also aller anderen, zu Hilfe kommen müssen.

Eine solche Analyse der Handlungsführung hat Hartmut Löffel scharfsinnig durchgeführt, von den drei Ideen ausgehend, die den Hradscheckschen Spielzügen zugrunde liegen:
1) der falschen Fährte (zum Franzosen und den verdorbenen Speckseiten) als Unschuldsbeweis,
2) der Fingierung des Unfalls als Erklärungsangebot,
3) der Fingierung der Erbschaft als Tarnung.

Löffels Vor-, Nach- und Gegenrechnungen führen schließlich denn doch zu der Einsicht, daß derartige Motivationsanalysen und Untersuchungen des Kausalnexus letztlich das Wesen der Fontaneschen Erzählung nicht zureichend erfassen können:

Denn die schrittweise Abwicklung des Verbrechens begleitet die nicht weniger akzentuierte innere Verwicklung der Eheleute, die mit ihrer Tat seelisch nicht Schritt halten [...]. Andererseits werden beide linearen Verläufe gestalterisch durchkreuzt: Fontanes künstlerisches Verfahren erfordert auch eine synchrone Betrachtungsweise, die Querverbindungen freilegt.[23]

Der Akzent liegt woanders: mit Recht hebt Hans-Heinrich Reuter hervor, daß in keinem vergleichbaren Werke der deutschen Literatur den Schwankungen und Schattierungen der öffentlichen Meinung ein auch nur annähernd so breiter Spielraum eingeräumt werde und daß die feinen und scharfen Differenzierungen, durch die Fontane diesen Spielraum auszufüllen weiß, dem Leser von heute fast als das „Eigentliche" der Erzählung erscheinen: „Reflexe sind interessanter geworden als das Faktum, als der kriminelle Vorgang und seine Aufdeckung."[24]

Auch die Figur des Mörders Abel Hradscheck zeigt, wie Fontane alles Schematische vermeidet, indem er sie gerade nicht mit jenem „monolithischen", nur auf die eine Tat gespannten Charakter ausstattet, wie das in der Tradition der Kriminalgeschichte üblich gewesen ist.[25] „Abel Hradscheck ist kein Finsterling, kein zum Verbrechen prädestinierter Typ"[26]: das macht den Reiz, ja das Überzeugende an dieser Figur aus. Zwar hat man ganz allgemein „das Interesse an Ursache und Wirkung, Anlage und Lebensbedingung" als das für den Erzähler einer Kriminalgeschichte entscheidende Moment erkannt, welches dem Leser „die verbindende Einsicht in die Ursache des Verbrechens" erst ermöglicht.[27] Um so merkwürdiger mutet es an, daß bisher noch niemand den minuziös ausgeführten Differenzierungen in der ‚Psychologie' der Figur Hradschecks oder auch der alten Jeschke nachgegangen ist; man hätte entdeckt, daß es hier Fontane tatsächlich gelungen ist, die „Nuancen seelischer Kausalität" wie mit einem „Psychographen" wiederzugeben,[28] und was die Ursachen und Beweggründe zum Verbrechen betrifft, so hätte man zugeben müssen, daß – anders als im Falle der abstrakten Ehr- und Rechtsvorstellungen bei Schillers oder Kleists Verbrechern, der dämonischen Werkbesessenheit des Hoffmannschen Cardillac – hier bei Fontane der Verweis auf ökonomisch-pekuniäre Vorbedingungen ein Tatmotiv konkret-realistischer und für den historischen Zeitpunkt, an dem die Erzählvorgänge sich abspielen, aktuell-entlarvender Art erkennen läßt. Sieht man erst die individualpsychologischen und sozialökonomischen Momente zusammen, durchschaut man erst die Vermitteltheit beider, dann dürfte es schwerfallen, zwischen der Gestaltung der Dorfmenschen hier und derjenigen der Stadtmenschen etwa in *Frau Jenny Treibel* wesentliche Qualitätsunterschiede zu finden.

Die angegebenen Züge heben *Unterm Birnbaum* von Kriminalgeschichten älterer Provenienz ab; allenfalls steht ihr darin *Die Judenbuche* der Droste nahe. Dem neuen Typus der Detektivgeschichte, in welcher durch Scharfsinn ein bislang unbekannter Täter am Ende identifiziert und gestellt wird, zählt sie erst recht nicht zu. Bedarf es da noch des Hinweises, daß man nicht recht weiterkommt, wird das Crimen als solches zu betont in den Mittelpunkt der Betrachtung gerückt? Verfehlt man nicht das Eigentliche der Erzählung, wenn sie voreilig als bloße Kriminalgeschichte eingestuft wird? Sie ist eher eine Seelen-, mehr noch eine Milieu-Studie und, wie schon Paul Schlenther in seinem Festartikel zu Fontanes siebzigstem Geburtstag hervorgehoben hat, ein „soziales Zeitbild" ersten Ranges.[29]

Schließlich ist sie auch, „sieht man nämlich genau hin, [...] eine historische Erzählung"[30], in welcher, eingelassen in den Zusammenhang eines zum Lesen verlockenden Kriminalfalles, dem Publikum von 1885 Gesinnungen und Begebenheiten aus den frühen dreißiger Jahren in Erinnerung gebracht werden, die das offizielle Preußen-Deutschland am liebsten einem absoluten Vergessen überantwortet hätte: da gibt es ganz unscheinbar anmutende Züge und Motive wie etwa die Hinweise des Erzählers auf Adolf Glaßbrenner (1810–1876)[31], den Kritiker reaktionär-restaurativer Tendenzen, auf Hradschecks einstiges Schwärmen für Freiheit und Revolution und auf seinen Auswanderungsversuch, da gibt es eine Genre-Szene, in der preußische Offiziere über französische Zustände räsonnieren und das Verlangen nach einer „Konstitution" lächerlich machen, da gibt es die über mehrere Kapitel sich erstreckende Darstellung der Situation einer Katholikin inmitten einer protestantischen Umgebung, da gibt es zwei breit angelegte Kapitel, in denen vom Aufstande der Polen die Rede ist. Das und vieles andere summiert sich zu einer unterschwelligen, oppositionell gefärbten Thematik, die dem aufmerksamen Leser von damals zu denken gegeben haben muß und dem Leser von heute noch zu denken geben sollte.

2
Stoff und Gestaltung

2.1
Der Schauplatz der Erzählhandlung

Walter Keitel schreibt:
> Er [Fontane] hat einmal die Franzosen [...] große Realisten genannt. Er hatte dabei nicht an die literarische Stilrichtung gedacht, die zu seiner Zeit die beherrschende war, sondern an ein besonders geartetes Ineinanderstehen von Phantasie und Wirklichkeit, ein Ineinanderstehen, das mit keinem Wort schlagender (und französischer) zu charakterisieren ist als mit dem des klugen Anatole France: on n'invente guère.[32]

Dieses „Man erfindet nichts" steuerte auch die poetischen Planungsaktivitäten Fontanes. In einem Brief vom 15. Mai 1878 gesteht er, daß nur eine Fülle von Stoff ihn als Autor beruhige: „Die Nebendinge lassen sich erfinden, aber die Hauptsache muß gegeben sein; diese Hauptsache ist aber in der Regel ganz kurz, während die Nebendinge in die Breite gehn."[33]

Für seine Erzählung *Unterm Birnbaum* stellte das etwa 20 km nordwestlich von Küstrin im Oderbruch gelegene Dorf Letschin, dessen Name er in Tschechin umwandelte, eine solche „gegebene Hauptsache" dar. Er kannte Letschin gut. Dort führte sein Vater von 1838 bis 1850 die Apotheke; dort trennte sich die Mutter vom Vater; dort heiratete seine Schwester Jenny den Apotheker Carl Hermann Robert Sommerfeldt, der das schwiegerväterliche Geschäft bis 1862 weiterführte. Zwischen 1838 und 1862 hielt sich Fontane oft und zum Teil länger in Letschin auf, wenn auch in unregelmäßigen Zeitabständen, und während seiner Abwesenheit hielt er nach dort brieflichen Kontakt.[34] In einem Brief aus dem Jahre 1847, lange vor der Entstehung von *Unterm Birnbaum,* charakterisierte Fontane das Dorf:

> Letschin im Oderbruch, Kirchdorf mit 3500 Seelen (?) und Residenz zweier dort stationierter Gendarmen, hängt durch Vermittlung eines sogenannten Rippenbrechers von Postwagen nur lose mit der zivilisierten Welt zusammen. Es ist ein zweites Klein-Sibirien; die Lebenszeichen einer Welt da draußen sind selten, aber – sie kommen doch vor. [...] Der geistige, mithin bedeutsamere Verkehr wird durch ein altes Weib unterhalten, das [...] allsonnabendlich ein Felleisen in die

Apotheke wirft und in Nacht und Grauen gespensterhaft verschwindet. Das alte Weib trägt einen geflickten Rock und Schmierstiefel, ihr „guten Abend" klingt wie das Donnerwetter eines Bootsknechts – ihre Reise geht auch nicht durch die Lüfte, sondern kniet durch dicksten Dreck, dennoch erscheint sie allen Hausbewohnern stets wie ein Engel vom Himmel [...] Die stets Erwartete, immer Gesegnete [...] ist die Küstriner Bücherfrau, die allwöchentlich im Dienst ergraute Journale wie altbackene Kuchen aus ihrem Füllhorn auszuschütten pflegt.[35]

Ernster im Ton charakterisiert Fontane Land und Leute in seinen *Wanderungen durch die Mark Brandenburg:*

Der Boden im Bruch war ein fettes Erdreich, mit viel Humus [...]. Dies erleichterte die Bewirtschaftung [...]. Man streute aus und war der Ernte gewiß. Es wuchs ihnen [den Ackersleuten] zu. Alles wurde reich über Nacht.
Dieser Reichtum war ein Segen, aber er war zum großen Teil so mühelos errungen worden, daß er vielfach in Unsegen umschlug. Man war eben nur reich geworden; Bildung, Gesittung hatten nicht Schritt gehalten mit dem rasch wachsenden Vermögen, und so entstanden wunderliche Verhältnisse, übermütig-sittenlose Zustände, deren erste Anfänge noch der große König erlebte und die bis in die Mitte des neunzehnten Jahrhunderts fortgedauert haben.[36]

Dies schrieb Fontane Anfang der sechziger Jahre.

„Man erfindet nichts" –: das hat natürlich im Falle der Erzählung *Unterm Birnbaum* auch regionale und lokale Heimatforscher vergangener und jetziger Tage auf den Plan gerufen. Sie bestätigen die exakte Ortskenntnis des Dichters. Sie heben hervor, daß Letschin im vorigen Jahrhundert tatsächlich groß und reich gewesen sei, habe es doch kraft wachsender wirtschaftlicher Bedeutung seine Einwohnerzahl zwischen 1805 und 1858 auf über 3300 verdreifachen und seinen Charakter dem einer Kleinstadt annähern können, weil schon früh die Bauern aus dem unmittelbaren Dorfverband auf ihre Felder hinausgesiedelt seien und dadurch Platz für Handel- und Gewerbetreibende geschaffen hätten, so beispielsweise auch für Louis Henri Fontane, der hier 1838 seine Apotheke habe gründen können. Das Anwesen Hradschecks, das heute noch (d.i. 1979) stehe und die HO-Gaststätte „Einigkeit" beherberge, habe Fontane exakt in *Unterm Birnbaum* gezeichnet, wenn er auch die Innengliederung des Hauses seitenverkehrt dargestellt habe.

Verschwunden sind im Laufe des Jahrhunderts die Kegelbahn und der Birnbaum, der ehemalige Garten ist längst bebaut. Das Haus der Frau Jeschke ist einem Ausbau der Gaststätte gewichen, die sich im Laufe der Zeit nach allen Seiten ausgedehnt hat. Die beiden Giebelstuben Hradschecks sind schon lange zu einem großen Festsaal ausgebaut worden. Geblieben ist aber der Kern, ein Flur von der Straße bis an den Hof, den ehemaligen Garten, und die vier Räume, zwei links und zwei rechts. Handlungsort der Kriminalnovelle und Original stimmen überein![37]

Freilich habe Fontane dort, wo es die Novellenhandlung erfordere, die Wirklichkeit umgestaltet: so lege er den Oderdamm, der in der Natur etwa 7 km entfernt liege, direkt an den Ort heran.[38]

2.2
Herkunft des Stoffes

Wichtiger als diese konstatierte Koinzidenz von bloß vordergründiger Wirklichkeit und Phantasie dürfte wohl die folgende „gegebene Hauptsache" sein:

> Im Jahre 1842 [...] wurden in Letschin Bürgersteige angelegt und der Sand dazu aus dem Garten des heutigen ‚Hotel zum Alten Fritzen' entnommen. Dabei fand man an einer Stelle [...] ein Skelett. Der Verdacht, einen Mord begangen zu haben, richtete sich gegen den damaligen Gasthofbesitzer Fitting und dessen Ehefrau. Im Jahre 1836 war von Stettin aus Nachfrage nach einem Getreidereisenden gehalten worden, der in Letschin in diesem Gasthaus über Nacht geblieben und seitdem verschwunden war. Es verbreitete sich nun das Gerücht, daß der Vermißte hier ermordet und sein Fuhrwerk in die Oder gefahren worden sei. Auch wollte man seinerzeit in dem Gasthause weggescheuerte Blutspuren beobachtet haben. Ob der Reisende damals tatsächlich in Letschin ermordet worden ist und ob das aufgefundene Skelett die Überreste desselben gewesen sind, weiß niemand. Fitting geriet bald nachher in schlechte Vermögensverhältnisse und verkaufte den Gasthof. Seine Frau und seine Kinder gingen nach Amerika. Fitting [...] soll später, von Läusen zerfressen, hinter einem Zaun tot aufgefunden worden sein [...].[39]

Dieser Vorfall und das Gerede, das er unter den Dorfbewohnern ausgelöst hat, waren Fontane bekannt und müssen ihn an den spektakulären Mordfall im Jahre 1826 erinnert haben, den er in seiner Autobiographie *Meine Kinderjahre* ausführlich beschrieben hat.⁴⁰ Das Motiv des verscharrten Franzosen bezog Fontane allerdings von anderer Seite; darüber berichtet Irene Ruttmann ausführlich, und Manfred Gill wartet dazu mit interessanten Einzelheiten auf.⁴¹

Entscheidender aber als die Adaption faktischer Gegebenheiten von 1826 und 1842 ist Fontanes Einfall, in *Unterm Birnbaum* das Geschehen im Jahre 1831 beginnen zu lassen. Das ermöglicht es dem Autor, Vorfälle, die sonst nur von partikularer, lokaler und „privater" Bedeutung blieben, in einen größeren Zusammenhang historisch-politischen Charakters zu stellen: man denke an Szulskis Erzählungen von der Insurrektion in Polen (30 ff.), in denen Kindheitserinnerungen Fontanes wieder aufleben.⁴²

2.3
Gliederung der Erzählung

Fontane stellt in seiner Erzählung das Geschehen in 20 Kapiteln dar. Die ersten fünf haben expositionsartigen Charakter. Während in den Kapiteln 1 bis 3 mehr das Milieu und die prekäre Situation der Familie Hradscheck gezeichnet werden, gehen die beiden nachfolgenden Kapitel näher auf die Tatvorbereitungen ein. Bis hierher erzählt Fontane synthetisch, d. h. er reiht Einzelheiten, die durch eine gewisse Auslassungstechnik erst zu Einzelheiten werden, auf eine scheinbar absichtslos-zufällige Art aneinander. Gleichwohl ist jedes Faktum, das durch den Gestus eines ganz beiläufig gehaltenen Erzählens wie etwas Nebensächliches behandelt wird, in der Folge wichtig, und erst in der Rückschau erkennt der Leser, welche Funktion dieser oder jener Einzelheit zukommt.

Die Kapitel 6 und 7, kürzer als die voraufgegangenen, schildern die Tatnacht und den frühen Morgen, jene aus dem Blickwinkel der alten Jeschke, diesen aus der Sicht des alten Hausdieners Jakob. Allein ihre Beobachtungen werden wiedergegeben, eine direkte Schilderung der Tat wird umgangen. Diese Tatnacht bildet den „Wendepunkt" in der mit stark novellistischem Einschlag versehenen Erzählung. Hier nimmt der Erzähler nicht nur einen Standort- und Perspektivenwechsel vor, sondern läßt auch die bisherige „Kriminalgeschichte" in eine „Detektivgeschichte" übergehen, wobei das synthetische Erzählverfahren durch ein analytisches abgelöst wird. Dieses wird über eine erheblich größere Zeiterstreckung bis zum Ende durchgehalten: in zahlreichen genrehaften Episoden, die insgeheim streng auf die vom Erzähler verschwiegenen Vorgänge in der Tatnacht bezogen sind, werden die Folgen des Verbrechens Zug um Zug bis zur Selbstentlarvung des Täters geschildert. Mutter Jeschkes Frage „Wat he man hett?" (39) löst den analytischen Erzählgang aus.

Die „Detektivgeschichte" (Kap. 6 bis 20) verteilt zunächst den Blickwinkel des Betrachters auf verschiedene Figuren: auf Mutter Jeschke, die Nachbarn, Gendarm Geelhaar, Pastor Eccelius, Justizrat Vowinkel (Kap. 6 bis 12). Die Kapitel 8 bis 12 beinhalten die Entdeckung des „Unfalls", das Aufkommen erster Verdachtsmomente gegen Hradscheck, dessen Verhaftung und – ein Höhepunkt in dieser Phase – die Ausgrabung des toten Franzosen, also die fehlschlagende Rekonstruktion der Tat, die dem Verdächtigen zur Haftentlassung und Rehabilitierung verhilft. Mit Hradschecks Entlassung und mit seiner Frage (analog zu derjenigen der Jeschke, s. o.) „Was is, Frau?" (71) beginnt ein neuer Erzählteil, diesmal wieder aus der Perspektive der Hauptfigur gesehen (Mitte Kap. 12 bis 20). Kapitel 13 bringt die wichtige „Bau"-Episode, in welcher Hradschecks Versuch geschildert wird, dem Tatort ein anderes Gesicht zu geben, ja ihn zum Verschwinden zu bringen. In den Kapiteln 14 bis 16 wird der Leser Zeuge, wie Ursel Hradscheck an ihrem Schuldbewußtsein psychisch und physisch zerbricht, wie ihr Mann das für versprochene Seelenmessen bestimmte Geld nun für ein Grabkreuz verwendet, um mit diesem geschickten Zug in seinem gewagten Spiel auf die Tschechiner Eindruck zu machen und sich von ihrem Mißtrauen gleichsam loszukaufen. Die letzten vier Kapitel handeln von Hradschecks Trauer um Ursel, mehr noch von seinen Zerstreuungen in Berlin, von denen er in der Art eines „maître de plaisir" den Tschechinern erzählt, sie amüsiert und ihnen damit Sand in die Augen streut, bringen daneben das Motiv des Aberglaubens zunehmend ins Spiel und zeigen, wie Hradschecks Selbstsicherheit unter dem Eindruck abergläubischer Vorstellungen allmählich zerbröckelt, und wie er sich schließlich selber entlarvt und im Tode seine Schuld sühnt. Der Leser aber kann erst vom Schluß der Erzählung her einsehen, was in jener Tatnacht geschehen sein muß und „wie alles gewesen ist".

2.4
Erzähltechnik

Auch Fontane hat über die verschiedensten Aspekte seiner künstlerischen Produktion nachgedacht, und wenn er auch niemals so etwas wie eine systematische „Theorie des Romans" oder eine „Theorie des Erzählens" entworfen hat, so sind doch seine kritischen Artikel und seine Briefe voll von Überlegungen diesbezüglicher Art, die teils auf das eigene Tun, teils auf Theorie und Praxis anderer oder auf Theoreme, wie sie seinerzeit in der öffentlichen Diskussion auftauchten, abgestellt sind.

Eine solche Auseinandersetzung mit Problemen der Erzähltechnik hat nun gerade in der Erzählung *Unterm Birnbaum* auf eine eigentümliche Weise ihre Spuren hinterlassen. Unter dem Einfluß von Auffassungen des französischen Positivismus und Naturalismus begann nämlich im letzten Drittel des 19. Jahrhunderts auch in der deutschen Literatur „eine bestimmte Möglichkeit epischen Verhaltens kanonische Geltung zu beanspruchen. Man unterwarf den Erzähler dem Gebot unbedingter Distanz und ‚Objektivität'. Man maß sein Werk daran, wie weit er dem entsprochen habe."[43] Insbesondere Friedrich Spielhagen vertrat in seinen poetischen und theoretischen Schriften dieses Prinzip, auf dem im Grunde bereits die strenge Erzählmanier Adalbert Stifters beruhte. Während Wilhelm Raabe sich völlig ablehnend verhielt, versuchte Fontane eine kurze Zeit lang, solchen Forderungen nachzukommen. In einem Brief an Spielhagen gesteht er diesem zu: „Das Hineinreden des Schriftstellers ist fast immer vom Übel, mindestens überflüssig." Er fügt aber sofort hinzu, daß es schwer sein werde festzustellen, „wo das Hineinreden beginnt. Der Schriftsteller muß doch auch, als e r, eine Menge tun und sagen. Sonst geht es eben nicht oder wird Künstelei. Nur des Urteilens, des Predigens, des Klug-und-Weise-Seins muß er sich enthalten."[44] Fontane, alles andere als ein Dogmatiker, hat denn auch „das extreme ‚Objektivitäts'-Streben"[45] bald wieder aufgegeben, zumal das Hineinreden des Erzählers für ihn „einen außerordentlichen Reiz" hatte: „Gerade die besten, berühmtesten, entzückendsten Erzähler, besonders unter den Engländern, haben es i m m e r getan."[46]

In *Unterm Birnbaum* bezeugen gewisse umständlich gewundene Formulierungen jenes extreme Streben nach Objektivität:

> Einige von den Säcken waren nicht gut gebunden oder hatten kleine Löcher und Ritzen, und so sah man denn an dem, was herausfiel, daß es Rapssäcke waren (3);

oder

> [...] vernahm er den Schlag einer Schwarzwälder Uhr. Es war fast, als ob das Ticktack ihn störe, wenigstens ging er auf die Tür zu, anscheinend um sie zu schließen; als er indes hineinsah, nahm er überrascht wahr, daß seine Frau in der Hinterstube saß [...] (6/7)

Solchen Passagen ist etwas zu deutlich die Anstrengung anzumerken, mit der der Erzähler sich bemüht, nur die „Außenansicht" von Dingen und Personen zu geben und damit dem Leser weiszumachen, es sei ihm, dem Erzähler, verwehrt zu wissen, was im Inneren von Säcken enthalten ist oder was im Inneren von Menschen vor sich geht. Man glaubt ihm das nicht ganz, zumal er nur wenig später diese sich selbst auferlegte Haltung bereits vergessen zu haben scheint. Denn der Passus „Und das alles war sein! Aber wie lange noch?" (5) steht bereits auf der Grenze: der grammatischen Struktur nach redet hier noch die dritte Person, dem Sinne nach aber handelt es sich um unausgesprochene Gedanken der Hauptfigur; demnach weiß der Erzähler doch, was im Bewußtsein eines Menschen vorgeht.

Dieses eigentümliche Schwanken zwischen den Rollen des unwissenden und des allwissenden Erzählers findet sich freilich nur an wenigen Stellen, gewissermaßen nur in der Feinstruktur des Werkes, und es ist nicht zuletzt mitbestimmt durch die Art des „Objekts", der Kriminalgeschichte nämlich, in der der Spannung wegen manches verschwiegen werden muß. Immer dann, wenn aus solchen gestaltungsökonomischen Gründen dem Leser etwas vorenthalten werden soll, flüchtet sich der Erzähler in die Rolle des Unwissenden, dem es nur gegeben ist, von „außen" wahrzunehmen. Das wird besonders deutlich an jenen Stellen, wo vom Schweigen und Nachsinnen Hradschecks die Rede ist, und ist vollends mit Händen zu greifen, wo selbst seine Rede unterschlagen wird:

> Und so gingen sie hinaus. Draußen aber nahm sie seinen Arm, hing sich, wie zärtlich, an ihn und plauderte, während sie den Mittelsteig des Gartens auf und ab schritten. Er seinerseits schwieg und überlegte, bis er mit einem Male stehen blieb und, das Wort nehmend, auf die

wieder zugeschüttete Stelle neben dem Birnbaum wies. Und nun wurden Ursels Augen immer größer, als er rasch und lebhaft alles, was geschehen müsse, herzuzählen und auseinanderzusetzen begann [...] (20).

Sonst sind im großen und ganzen die erzählerischen Mittel konsequent eingesetzt. Die Tendenz, möglichst objektiv zu sein, bleibt durchgehend gewahrt, wenn auch in Formulierungen wie „[...] die zum Vornehmtun geneigte Frau Hradscheck [...]" (4) der Erzähler hart an die Grenze des Urteilens (und Verurteilens) geht. Wille zur Objektivität spricht schon aus der Tatsache, daß in dieser Erzählung der Erzähler selbst große Partien bestreitet und nicht wie in späteren Werken Fontanes fast völlig zurücktritt, um den Figuren zu ihrer eigenen Selbstdarstellung das Wort zu lassen, wodurch jenes bekannte Geflecht subjektiver Brechungen entsteht, das die Fontaneschen Gesellschaftsromane der späteren Zeit auszeichnet.[47] Nur in einem Falle gibt der Erzähler unserer Geschichte seinen grundsätzlich neutralen Standort auf, aber wiederum aus dem oben dargelegten Zwang, den Leser mystifizieren zu müssen: Die Figur der alten Jeschke ist aus dem Blickwinkel Hradschecks und der Tschechiner und nicht aus demjenigen des Erzählers selbst gesehen und dargestellt.

Die Figurengespräche, kürzer also als in späteren Werken, sind auf eine natürlich wirkende Art dem Kontext eingefügt, besitzen einen stark vergegenwärtigenden Charakter und dienen vornehmlich dazu, das Innere der jeweiligen Sprecher zu exponieren – Grund genug für den Erzähler, „draußen" zu bleiben und „Außenansichten" zu geben und sogar an einigen Stellen Gespräche (wie das der preußischen Offiziere (79)) und den Dorfklatsch (etwa 24) mit eigenen Worten und in indirekter Rede darzustellen.

Hervorzuheben wäre noch das Mittel des Perspektivenwechsels, das geschickt eingesetzt wird: meistens steht der Erzähler – bildlich gesprochen – hinter seiner Hauptfigur Abel Hradscheck, oft auch (wie dargelegt) hinter der Jeschke, aber ebenso schaut er dem Pastor über die Schulter und in dessen Brief an Justizrat Vowinkel hinein (49). Ab und zu erhebt er sich dann zu solch erhöhtem Standpunkt, daß er das ganze Dorf überschauen und berichten kann, was an Tratsch und Klatsch darin umgeht. Es versteht sich, daß der Leser durch ein solches Verfahren einerseits ein Maximum an Informationen verschiedenster Art und Herkunft erhält, andererseits aber auch wiederum von dem Ort weggeführt wird, an dem etwas Entscheidendes „passiert", so daß er trotz aller Informationen nichts Genaues weiß: mit der Darstellung der Tatnacht wird so verfahren (37 ff.).

Hugo Aust[48] macht darauf aufmerksam, daß in *Unterm Birnbaum* „häufig statt der eindeutigen Bezeichnung für Gegenstände, Sachverhalte und Figuren, von denen jeweils die Rede ist, allgemeinere Ausdrücke (Substitute) gesetzt werden, deren Verwendungsweise für Handlungsverlauf, Lesererwartung und Interpretationsverfahren von Bedeutung ist".

Jeder Sprecher oder Schreiber kennt den Zwang, sich sprachlicher Variationen zu bedienen und den Ausdruck zu wechseln, um Wortwiederholungen, die als ungeschickt und störend empfunden werden, zu vermeiden. Es gehört nun zum Wesen solcher als Stellvertreter eingesetzten Ausdrücke (= Substitute), daß sie innerhalb eines Textes zurückbezogen bleiben müssen auf die Anfangskennzeichnung (= Substituendum), mit der das Gemeinte zuerst benannt wird, und jeder Hörer oder Leser versteht auch gemeinhin solche Substitute, wenn er das Substituendum und den Rückbezug darauf kennt und jene mit diesem identifizieren kann.

In *Unterm Birnbaum* schneidet nun Fontane öfter diesen Rückbezug ab und setzt damit einen bloß stellvertretenden Ausdruck gewissermaßen a b s o l u t, indem er sein Substituendum verschweigt. So scheint das Substitut beziehungslos in der Luft zu schweben und den Charakter einer vagen Vorausdeutung anzunehmen, und dies alles, ohne dem Leser die Möglichkeit zu eindeutiger Identifizierung mit einem Substituendum zu geben. Auf diese Weise entfaltet Fontane in dieser Erzählung eine Erzählstrategie, in der die Elemente des Verschweigens und Verdeckens, des Andeutens und Verschleierns, ja der bewußten Irreführung nicht nur des Lesers, sondern auch bestimmter Figuren innerhalb des Textes immer stärker hervortreten.

Aus der angstvollen Sorge um die Erhaltung eines Glück und Frieden ausstrahlenden Besitzes (5) entstehen „allerlei Gedanken und Vorstellungen" (10), die – mit der Zeit alles Erschreckende verlierend – sich zu „Plänen" verdichten und auf eine „Tat" (13) zielen, bei deren Ausführung jeder „seine Rolle" einnehmen wird. Daß hier ein Mord geplant wird, muß der Leser aus diesen und noch allgemeineren (Es geht nicht" (10, 20) / „alles, was geschehen müsse" (20)) Substituten erschließen, denn die Tat selbst wird bis hierhin nirgends beim Namen genannt; auch der Verwendungszusammenhang der Substitute lenkt die Erwartung des Lesers („und sah sich um, als ob er bei böser Tat ertappt worden wäre" (13). [...] der Leser, der aufgrund der synthetischen Erzählphase eigentlich ein Eingeweihter des Täters sein müßte, kann nicht immer klar sehen; schon die Geschehnisse des 7. Kapitels sind für ihn nicht eindeutig: Scheinbar ist vom abreisenden Szulski die Rede, aber der Erzähler nennt ihn nicht bei seinem Namen, vielmehr spricht er nur von der „Gestalt des Fremden" und dem „Reisenden" (41). Solche Substitute kommen zwar nicht unerwartet. Als „Reisender" wurde diese Figur bei ihrer Ankunft eingeführt (8, 28); doch der Erzähler strebte dort Eindeutigkeit an, indem er bald nicht nur den Reisenden als Herrn Szulski identifizierte, sondern auch ausführlich über dessen Vergangenheit informierte. Anders bei seiner vermeintlichen Abreise: Bewußt werden falsche (sich nicht nur aus der Perspektive Jakobs erklärende) Substitute gewählt, die die Identität mit Ursel Hradscheck verdecken, obwohl andere Anzeichen (zu großer Pelz, ungeschicktes Halten der Leine, Schweigsamkeit) der Betrachterfigur und mit ihr dem Leser sonderbar vorkommen müssen.

Durch solche erzähltechnische Finessen, mittels substitutiver Beziehungen beim Leser Erwartungen zu wecken, ohne sie einzulösen, werden die Leser (und Figuren der Erzählung) zu eigenen Interpretationen veranlaßt. Das beginnt schon beim Titel, der unwillkürlich als Substitut gedeutet wird und die Aufmerksamkeit des Lesers auf jede Nennung des Birnbaums während des Erzählverlaufs lenkt: „[...] selbst wenn er (der Leser) schließlich erkennt, daß der Baum [...] weder den Tatort noch das Sühneprinzip noch irgendein anderes (gattungsspezifisches) Motiv substituiert, wird er weiterhin geneigt sein, in den einzelnen Erwähnungen des Baumes Substitute zu erkennen, die auf einen zu interpretierenden Sachverhalt hinweisen", wie beispielsweise der Birnbaum
a) als Indiz für die Verdinglichung des Menschen in einer auf Scheinhaftigkeit und Tauschwert gegründeten Gesellschaft (Albrecht Diem);
b) als Assoziation des Idyllischen, die sich aber in das Sinnbild der Bedrohung verwandelt (Cordula Kahrmann);
c) als Dingsymbol und sichtbares Zeichen der gelungenen Täuschung und der Blindheit der Behörden (Walter Müller-Seidel);

d) als Ausdruck des Scheins, der Täuschung anderer und der Selbsttäuschung Hradschecks (Hartmut Löffel);
e) als Zentralmotiv, liegt als Ort im Schnittpunkt der vielen Linien zwischen den Schauplätzen der Handlung, als Treffpunkt, wo alle die Handlung vorantreibenden Gespräche stattfinden (Ilse Keseling).

Noch schwieriger – so Aust – sei es, die substitutive Beziehung zu beschreiben, an der der Schlußsatz der Erzählung teil hat: „Sein Substituendum wäre eine ausführliche Darstellung der Todesursache des Mörders; aber gerade darüber wird der Leser im dunkeln gelassen; weder die Figuren noch der Leser können die Todesursache eindeutig rekonstruieren („allem Anscheine nach tot" (119))."

Die Figuren interpretieren denn auch Hradschecks Tod, so gut sie es können: „De Spök hett noah em grappscht" (118, Ede) – „[...] gefangen in seiner eigenen Falle" (121, Geelhaar und Jeschke) – „[...] wurde von der Hand Gottes getroffen" (122, Eccelius). Und Leser sehen die Ursache so: Herzschlag (Rolf Brandt), locus fatalis (Oswald Floeck), Rachegeist des Opfers (Konrad Peters), Unfall (Kindlers Literatur Lexikon, dtv), Schicksal (H.-C. Sasse), Nemesis (Vincent Günther), sozialer Konflikt (Edgar Marsch), Folge eines pervertierten Bewußtseins (Winfried Freund).

Aust hebt zusammenfassend hervor, daß die Novelle unterschiedliche Interpretationen ermögliche, sie sei vor allem daraufhin angelegt, das Interesse an einer Interpretation überhaupt erst zu wecken, indem sie den sprachlichen Ausdruck für die Todesursache, das Substituendum, nicht nennt und statt dessen Substitute vermittelt, die um so dringender auf das Fehlende hinweisen. „Es zeichnet dichterische Texte vor nichtdichterischen aus, daß ihr textueller Zusammenhang unter solchen uneingelösten substitutiven Beziehungen keineswegs leidet, sondern im Gegenteil dadurch gewinnt [...]."

3
Tschechin und Tschechiner

3.1
Lokalbeschreibung und Personendarstellung

Der Erzähler versagt sich größere, zusammenhängende Lokalbeschreibungen. Ausnahmen bilden nur diejenigen von Hradschecks Anwesen samt Hausflur und Garten (3 ff.) sowie des Blicks, den man von der Höhe des Oderbruchdammes aus genießt (45); aber auch sie füllen nur kurze Abschnitte. Die übrigen spärlichen topographischen Daten sind splitterartig über den Text verteilt. Dennoch entsteht durch die wenigen, mit sicherer Hand gezogenen Striche und hingesetzten Farbtupfer ein punktartig zusammengesetztes Bild des Dorfes, dessen Andeutungscharakter der Imaginationskraft des Lesers genug Möglichkeiten läßt, sich die Gegebenheiten auszumalen und sich dadurch eine Gesamtsilhouette der Oderbruchgemeinde herzustellen.

Diese bloß beiläufig skizzierte Außenansicht des Schauplatzes erhält nur dadurch Bedeutung, daß sie in scharfem Kontraste zu dem steht, was hinter der ‚Fassade' vorgeht. Sätze etwa wie

> Hradscheck sah ihr nach, die Dorfstraße hinauf, auf deren roten Dächern die Herbstsonne flimmerte [...] (9)
> Das gelbe (buntglasige Kuckfenster) sah auf den Garten hinaus, das blaue dagegen auf die Dorfstraße samt dem dahinter sich hinziehenden Oderdamm, über den hinweg dann und wann der Fluß selbst aufblitzte. Drüben am anderen Ufer aber gewahrte man einen langen Schattenstrich: die neumärkische Heide [...] (20 f.)
> Der kaum vom Winde bewegte Rauch stieg sonnenbeschienen auf und gab ein Bild von Glück und Frieden [...] (5)

enthalten oder sind selbst beschreibende Splitter, die – wenigstens am Anfang der Erzählung – deutlich idyllische Züge tragen.[49]

Zu diesen setzt der Erzähler das Bild der Dorfbewohner sogleich in Widerspruch. Er entlarvt das ‚Bild von Glück und Frieden' als Schein, räumt mit der üblichen Vorstellung vom idyllisch-befriedeten Landleben gründlich auf. Gleichwohl verfährt er auch bei der Personendarstellung nach seiner Andeutungs- und Aussparungstechnik, bleibt aber nicht wie im bloß dinglichen Bereich bei der Beschreibung des Äußeren stehen, drängt sie vielmehr zurück und begnügt sich damit, ein körperliches Detail blitzlichtartig für einen Augenblick zu beleuchten, wenn er nicht auch darauf verzichtet: so spricht er nur von Hradschecks weißen, fleischigen Händen (8), von seinem spärlich blonden Haar (42) und den durchdringenden Augen (82), von Quaasens vorstehenden Augen (36), von den gekrausten blonden Haaren der zwanzig Jahre jüngeren Frau Quaas (24), von Mietzels kleiner ausgetrockneter Statur (21), seinem wenigen Haar (32) und der Neigung zum Hochrot-Werden beim Anhören von Kriegsgeschichten (31), von Edes brandrotem Haar (52) und dem dümmlichen Lachen auf seinem Gesicht (80); bei der Figur des Bauern Kunicke kommt er ganz ohne äußere Beschreibung aus. Dagegen schaut er des öfteren nach Art des allwissenden Erzählers ins Innere seiner Figuren hinein und weist auf einzelne Charakterzüge hin, sofern er es nicht vorzieht, die Figuren selber reden und dadurch sich selber darstellen zu lassen.

Solche Selbstdarstellungen werden oft genug zur Selbstentlarvung; denn es fällt auf, daß die charakterisierenden Einzelheiten, von welcher Figur auch immer, meist negativer Art sind, ‚Schwächen' zumindest, die mit teils versteckter, teils offener Ironie, zuweilen auch karikierend- oder satirisch-zugespitzt ans Licht gezogen werden. Es scheint, als träfe auch für die Gestaltung bäuerlicher Charaktere das zu, was Demetz, hierin Erich Auerbach folgend, allein auf diejenige bürgerlicher Figuren bezieht: „Fontane kann sich mit ihnen nicht ‚allen Ernstes' beschäftigen [...] Sobald er sich bescheideneren bürgerlichen Sphären nähert, wird Fontane zum Humoristen (das trübe Bürgerliche bedarf offenbar des verklärenden Humors) oder er attackiert das Vulgäre, schonungslos und ohne Rücksicht."[50] Ergeben die verschiedenen, sorgfältig abgestuften und gegeneinander abgewogenen Schwächen der Charaktere schon für sich genommen ein farbiges Spektrum, so erhält die bunte Reihe der Figuren noch zusätzlich Valeurs und Abschattungen dadurch, daß sie nicht einfach nebeneinanderstehend zu denken sind, sondern wie auf einer Bühne nach der Tiefe des Raumes zu gestaffelt werden; manche Figuren bleiben unsichtbar, gleichsam hinter den Kulissen, werden nur genannt (wie etwa der Spottverse dichtende Kantorssohn, S. 24/48), manche zeigen sich gleich Statisten im Hintergrund (wie etwa der Brett-

und Schneidemüller Igel, ‚Schneidigel' genannt, der begierig ist, den verhafteten Hradscheck früher als andere gesehen zu haben, sich aber dann umdreht, um nicht grüßen zu müssen, S. 65), andere wieder erscheinen im Mittelfeld (Eccelius, Vowinkel), treten zuweilen auch einmal für eine kurze Szene nach vorn an die Rampe, in deren vollem Lichte nur einige wenige stehen. Alle aber sind nach dem Intensitätsgrade ihrer Beziehungen zu den beiden Hauptfiguren, Ursel und vor allem Abel Hradscheck, an ihren Platz gesetzt. Dieser Intensitätsgrad wird minuziös bis in die Form der Anrede festgehalten, die die Figuren gegenüber Hradscheck gebrauchen: die Jeschke sagt „Sie" (cf. 5 unten), Schulze Woytasch „Ihr" (45), die Saufkumpane sagen „Du" (cf. 22).

3.2
Figurenkonstellationen und soziale Hierarchie

An der Rampe stehen drei Gruppen: das Ehepaar Hradscheck gewissermaßen in der Mitte, flankiert einerseits von Mutter Jeschke, der man den Dorfgendarmen Geelhaar zuordnen darf, andererseits von der Clique der wohlhabenden Bauern und Ölmüller Kunicke, Quaas, Mietzel und Orth. Hier, bei diesem Dreiecksverhältnis in Gruppen, wird am deutlichsten sichtbar, daß dieser horizontalen Tiefenstaffelung der Figuren, wie sie sich nicht nur aus der Realität, sondern mehr noch aus der Ökonomie des Erzählens ergibt, eine weit wichtigere, weil ausschließlich der Realität gehorchende Anordnung gegenübersteht. Es ist – und hier müssen wir das Behelfsbild der ‚Bühne' aufgeben – eine vertikale Staffelung der Figuren, durch die der Erzähler das soziale Gefälle innerhalb der Dorfbewohnerschaft darstellt. Auf der Stufenleiter der Dorfhierarchie steht ganz unten die alte Jeschke, die verarmte alleinstehende Witwe, die sich auf eine Art und Weise, die den anderen verdächtig ist, schlecht und recht durchs Leben schlägt und deren bloßes Dasein ein Abel Hradscheck bereits als störend empfindet. Ihr Status bildet einen herben Gegensatz zu demjenigen jener anderen Gruppe der Reichen und Angesehenen, die ganz oben stehen und ein Wörtlein mitzureden haben in allen Gemeindeangelegenheiten und denen Abel gleichen möchte.

Der Standort der Hradschecks auf dieser Stufenleiter der Dorfhierarchie ist der eines ungefestigten ‚Dazwischen', und im Bewußtsein Abels und Ursels ist er mit der ständigen Gefahr des Absinkens und der ständigen Chance des Aufsteigens versehen. Dieser Position sind also zugleich die Beweggründe einbeschrieben, von denen Denken und Handeln der Hradschecks bestimmt werden; aber auch für andere Gruppen und einzelne ergeben sich die Motive ihres Verhaltens weitestgehend aus der Macht oder der Ohnmacht, die der jeweilige soziale Status verleiht. Neben dem Ehepaar Hradscheck liefert hierfür die Figur der Mutter Jeschke den überzeugenden Beleg.

Ist jede Gruppe auch kraft eines gemeinsamen Standesbewußtseins in sich selber homogen, so setzt sie sich doch aus Individuen zusammen, die in ihrer Eigenart wieder miteinander kontrastieren. Indem der Erzähler das zeigt, tritt weniger die graue Menge, das Kollektiv der Dorfbewohner, in Erscheinung, als vielmehr eine farbige Reihe repräsentativer Gestalten. Dadurch, daß einzelne, Grüppchen und Gruppen aus der Anonymität des Ganzen hervortreten, gelingt es erst, all die Beziehungen sichtbar zu machen, die jeden mit jedem, die Gruppe mit Gruppe verbinden, Fäden, die ihrerseits sich wieder zu einem undurchdringlichen Knäuel zu verschlingen drohen: da überkreuzen sich Freundschaften und Feindschaften, Sympathien und Antipathien; da gibt es Übereinstimmung und Divergenz der Interessen, Ansichten, Gesinnungen; da stehen sich Prestigegewißheit und Prestigeverlangen gegenüber samt all den daraus resultierenden Erscheinungen wie Sicherheit des Auftretens, Machtgefühl, Selbstbewußtsein, Unsicherheit, Angst, Abhängigkeitsgefühl, Neid und Haß. Das alles ist bestimmt vom Sozialstatus, den man einnimmt oder einzunehmen glaubt, den man anderen zuerkennt oder abspricht. Jeder zeigt ein für die Situationen des Konkurrenzkampfes typisches Verhalten: darin stimmen alle die Verschiedenen wieder überein. Der Erzähler legt denn auch an einigen Stellen die Wurzel bloß, aus der die verschiedenen Verzweigungen hervorgehen, und zeigt, wie die heterogenen Bewußtseinselemente zuweilen zusammenschießen und sich so etwas wie ein kollektives Bewußtsein herstellt, und zwar jedesmal dann, wenn vom Geld, dem heimlichen Gott der Tschechiner, die Rede ist: „[...] am meisten aber gefiel ihnen, daß er (Hradscheck) das teure Kreuz überhaupt bestellt hatte. Denn Geldausgeben (und noch dazu viel Geld) war das, was den Tschechinern als echten

Bauern am meisten imponierte" (98 f.). Auch die ebenfalls aus der Konkurrenzsituation heraus entwickelte Abwehr des zugezogenen Fremden, sobald dieser bestimmte Ambitionen erkennen läßt, ist ein Motiv, das eine solche Einhelligkeit der Meinungen herbeiführt: „Du kennst unsere Brücher; sie sind hochfahrend und steigern ihren Dünkel bis zum Haß gegen alles, was sich ihnen gleich oder wohl gar überlegen glaubt" (49), schreibt Dorfpastor Eccelius an seinen Duz- und Logenbruder[51], Justizrat Vowinkel, und wenn er darin vielleicht mehr als zulässig generalisiert, so sieht er doch sicherlich auch etwas Richtiges.[52]

Eines bleibt freilich ausgespart: die Tschechiner Bauern und Ölmüller samt ihren Frauen werden nicht in ihrer engeren spezifischen Arbeitswelt dargestellt – das geschieht nur im Falle der Hradschecks –, in der ja auch jeder mehr oder weniger für sich bliebe, sondern gleichsam im Feierabendrock oder Sonntagsstaat, nämlich bei Umtrunk, Kegeln und Würfeln, bei Tratsch und Plauderei mit dem Nachbarn, bei Kirchgang, Totensuche und Begräbnis, bei Gemeinderatssitzung, Verhör und Lokaltermin. Das alles sind Situationen, die Kommunikation ermöglichen, ja verlangen, und die Teilnehmer dazu anhalten, ihre subjektiven Meinungen, Überzeugungen, Gesinnungen zu äußern. So verweilt der Erzähler denn auch in der Sphäre des Öffentlichen und bevorzugt Weinstube und Laden, Garten und Kegelbahn, Dorfstraße und Damm, Friedhof und Kirche samt Kirchenvorplatz als Lokalitäten für seine Dorfszenen, und selbst die Studierstube des Pfarrers entkleidet er ihres privaten Charakters, indem er sie in eine Gerichtsstube verwandelt und Verhöre darin vornehmen läßt.[53] Nur im Falle des Ehepaares Hradscheck und der Witwe Jeschke, die ‚Spiel' und ‚Gegenspiel' in dieser Erzählung verkörpern, betritt er auch privaten Bereich und wirft einen Blick in Wohnzimmer und Küchen.

4
Zeit und Zeitgeschichte

4.1
Zeitpunkt und Zeiterstreckung

Die Erzählung spielt in den Jahren 1831 bis 1833. Die erzählte Zeit umfaßt zwei Jahre. Gegen Ende des Sommers 1831 – Zeit der Raps- und Birnenernte (3/5), im Garten ist es schon „herbstlich, nur noch Astern und Reseda blühten" (4) – setzt die Erzählung ein. Ende November des gleichen Jahres geschieht der Mord an Szulski (28 ff.): nach herkömmlicher Erzählerpraxis benötigt auch Fontane eine naßkalte Nacht (28), ein „Hundewetter" (29) erst mit starkem Regen (37), dann mit Wetterumschlag (37) und heftigem Südost (37) als atmosphärische Staffage. Die Schilderungen, die sich mit den Folgen des Verbrechens befassen, erstrecken sich bis in den Oktober des Jahres 1833: laut Eintragung im Tschechiner Kirchenbuch wird Hradscheck am 3. Oktober „ohne Sang und Klang" (122) und noch „vor Tagesanbruch" (121) in den Tschechiner Kirchenacker gelegt.

Wie schon erwähnt, hat Fontane die Vorgänge, wie sie ihm seine Quelle anbot, um einige Jahre vorverlegt, so daß die Geschichte vom Dorfkrämer und -gastwirt Hradscheck, der zum Mörder wird, dadurch einen historisch-politisch bedeutenden Hintergrund erhält: die Folgeerscheinungen der französischen Julirevolution von 1830, wie sie fast überall in Europa zu beobachten waren. Zwar kann nicht behauptet werden, Hradschecks Entschluß zum Verbrechen sei in irgendeiner Form von diesem Hintergrund mitbestimmt. Darin steht *Unterm Birnbaum* hinter der Erzählung *Schach von Wuthenow* zurück, in der die Entscheidung der Titelfigur neben den gesellschaftlichen ungleich deutlicher historisch-politische Implikationen aufweist. In *Unterm Birnbaum* bleibt der Hintergrund eine Folie, vor der sich allerdings die kleine Welt Tschechins mit ihrer geistigen Enge unvergleichlich plastisch aufbauen kann. Das Sittenbild, das sonst auf den dörflichen Umkreis beschränkt bliebe, erhält kraft dieses Hintergrundes eine bedeutende Vertiefung und Erweiterung: es wird zum authentischen Zeitbild, in welchem durch das Aufzeigen der Distanz zwischen **großer** und **kleiner** Welt, zwischen Hintergrund und Vordergrund, auch Kritik geübt wird.

4.2
Polenaufstand und Tschechiner Mentalität

An drei Stellen der Erzählung weitet sich der Umkreis, in den dörfliche Existenz und Mentalität gewöhnlich eingeschlossen bleiben, und es wird der Blick freigegeben auf einen umfassenderen Horizont, innerhalb dessen sich Ereignisse abspielen, die – als ‚Zeichen der Zeit' – den Charakter des historischen Zeitpunktes (1831–33) entscheidend mitprägen. Zweimal werden die Ausstrahlungen politischen Geschehens durch Personen hereingebracht, die von ‚draußen' kommen: durch Szulski, den Weinreisenden, der vom Aufstande der Polen erzählt (30ff.), und durch die Offiziere der Manövertruppen, die innenpolitische Vorgänge in Frankreich glossieren (79f.). Im dritten Falle ist es ein Dorfbewohner, ist es Hradscheck, der nach ‚draußen' geht, den Bannkreis des Dörflichen durchbricht, und allerlei Neuigkeiten aus der ‚kulturellen' Sphäre der Hauptstadt Berlin mitbringt (99ff.). Alle drei Fälle aber gleichen sich darin, daß die große Welt auch jetzt immer noch in der Ferne bleibt und nicht faktisch, sondern – indem nur von ihr erzählt wird – in bloß reflektierter und subjektivierter Form die kleine Welt Tschechins berührt.[54] Die ‚Wahrheit' historischer Fakten erscheint so von vornherein in einer ironischen Brechung, bloß in Gestalt der ‚persönlichen Meinung', die – und wenn man auch noch so sehr das Gegenteil beteuert – den ihr gegebenen ‚Stoff' unbarmherzig zerstückelt und den Proportionen der kleinen Welt anpaßt, der sie selber angehört.[55]

Jedenfalls werden diejenigen, die da als Schilderer und Berichterstatter auftreten, in ihrer ‚Rolle' kräftig ironisiert. Bei Szulski z.B. liegt Ironie in dem Umstand, daß er von seinen Geschichten, aus denen seine polnisch-patriotische Gesinnung spricht, ganz ‚durchdrungen' zu sein scheint (33), er selber aber von vornherein als ‚Pseudopole' vorgestellt wird, der „eigentlich ein einfacher Schulz aus Beuthen in Oberschlesien" ist und „den Nationalpolen erst mit dem polnischen Samtrock samt Schnüren und Knebelknöpfen angezogen" hat (30). Auch die Gleichung, derzufolge ein Weinreisender natürlich auch ein guter Erzähler sei (31), wird sofort ironisch aufgelöst durch den Hinweis aufs ‚Schwelgen' (31) in den Schilderungen der Heldentaten und Grausamkeiten. Offensichtlich macht Szulski von der ‚künstlerischen Überhöhung', die ein guter Erzähler nur diskret verwendet, allzu freigebig Gebrauch. Er kommt damit zwar der Mentalität und dem Geschmack seiner Zuhörer entgegen und kann deren Aufmerksamkeit im höchsten Grade fesseln – Mietzel stehen nachgerade die Haare zu Berge (32), und sein Gesicht läuft hochrot an (31) –, aber seine bedenklichen Dramatisierungen machen auch immer wieder eigene Wahrheitsbeteuerungen notwendig. Denen verleiht er, um auch den letzten Zweifel niederzuschlagen, eine rhetorisch-apodiktische Zuspitzung, die selber wieder eine Übertreibung ist und den Charakter des Phrasenhaften nur noch deutlicher hervortreten läßt: „Verzeihung, ich bin kein Aufschneider, Herr Kunicke. Kein Pole schneidet auf, das verachtet er. Und ich auch. Aber was ich gesehn habe, das hab ich gesehn, und eine Tatsache bleibt eine Tatsache, sie sei, wie sie sei" (33). Den Erzählerallüren Szulskis, die dieser mit seinem „erdenklichen Ernste" (34) und seiner „gekünstelten Ruhe" (31) – Posen, die die ‚Rolle' verlangt – noch zu unterstreichen versucht, steht das Verhalten der Zuhörer gegenüber, das hier auf dem Lande jetzt auf einem Stande angelangt ist, wie ihn Goethe einst für den städtischen Bürger festgehalten hat, der sich „nichts Beßres" weiß „an Sonn- und Feiertagen als ein Gespräch von Krieg und Kriegsgeschrei, wenn hinten, weit, in der Türkei, die Völker aufeinanderschlagen".[56] Die Bauern und Ölmüller, auch Hradscheck, zeigen eine naiv-unmittelbare Lust an der Neuigkeit als solcher, die hingenommen wird ohne die Frage nach Ursachen, Gründen, Folgen, eine Lust, die durch das begleitende Bewußtsein, selber nicht bedroht und betroffen zu sein, nur noch gestärkt wird. Ihnen genügt die ‚Tatsache', das Faktum, und höchstens Einzelheiten, die aber für das Ganze ohne Belang sind, wecken ihr Interesse: „‚Wie hieß die Straße?' fragte Mietzel [...]" (31), als bestünde für ihn jemals die Möglichkeit, nach Warschau zu kommen und den Schauplatz der Szulskischen Erzählung zu besichtigen. Sie schlucken alles widerstandslos, und nur Kunicke, respektloser als die andern, vergleicht die Unmenschlichkeiten, von denen er hört, mit denjenigen, die er als ‚1813er' einst selbst erlebt hat (33). Sein Kommentar zeigt trotz der Kürze und trotz der Ausrufesätze, mit denen sich sein Ausdrucksvermögen behilft, daß er das Gehörte reflektierend auffängt, sich mit ihm auseinandersetzt und sich die Ungeheuerlichkeit dessen, was da erzählt wird, bewußt macht. Dafür ist seine Frage „Is es denn auch wahr?" (33) ein Indiz, wohl ebenso dafür, daß er als einziger die Möglichkeit erzählerischen Aufschneidens oder gar Simulierens in Erwägung zieht. Die andern lassen in ihren Reaktionen nur erkennen, daß der Nervenkitzel sie gepackt hat. Wie wenig das Erzählte den innersten Kern ihres Wesens berührt, deutet der Erzähler in der von ihm aufgezeigten Gefahr des Abgleitens und Entgleisens an, auf die Szulskis Erzählung mit dessen Beteuerung „[...] ich schwör Ihnen, meine Herren, es war eine Dame, war eine schöne Frau" [...]" hinsteuert, indem die angefügte Formulierung „[...] ich hätt' ihr was Bess'res gewünscht [...]", ungewollt zweideutig, die Phantasie seiner Zuhörer vom Wesentlichen ab- und auf das Gebiet des Erotisch-Schlüpfrigen hinüberlenkt (33). Wie ihr Interesse fluktuiert, so auch ihre Aufmerksamkeit. Verhindert an der angegebenen Stelle der von seiner Geschichte durchdrungene Szulski die Wendung des Gesprächs, indem er sie einfach nicht mitmacht, so führt er selber nur wenige Augenblicke später mit seinem Stichwort ,Geld' die Wendung herbei. Seine Weisheit, wer ans Geld denke, sei verloren (33), provoziert zusammen mit der sentenzartig-zugespitzten Form, in die er sie kleidet, als idealistisch-weltfremd die in diesem Punkte sehr realistisch und nüchtern denkenden Bauern. Die nehmen gar nicht wahr, daß jene Sentenz als – wenn auch noch so fragwürdiges – Resümee des vorher Erzählten gedacht war, sie ‚isolieren' sie, nehmen sie für sich – und widersprechen. Szulski kann nur durch Sophistereien – „[...] denken und denken ist ein Unterschied [...]" (34) – seine Überlegenheit als Erzähler wahren und schwimmt eine Zeitlang mit in der Erörterung über das Geld, einem der wichtigsten Leitmotive unserer Erzählung.

In der sicheren Gestaltung einer solchen Gesprächswendung, die der Leser als frappierend ‚wahr' empfindet, zeigt sich Fontanes meisterliche Seite. Man beachte, wie großartig der Gesprächsbogen im Ganzen gezogen ist: erst Erzählung vom Polenaufstand in Form des Augenzeugenberichtes, gefolgt von dem ‚Geld'-Intermezzo, dann Rückkehr zum Polenaufstand, diesmal anhand von Personalanekdoten, kulminierend im Lied ‚Die letzten Zehn vom vierten Regiment', schließlich, gewissermaßen als ‚Coda', das Zerflattern, Ermüden, Absinken des Gesprächs in die Niederungen persönlicher Anpflaumerei.

4.3
Französisches „Juste-Milieu" und preußische Arroganz

Die innenpolitischen Vorgänge in Frankreich, über die sich die bei Hradscheck einquartierten preußischen Offiziere der Manövertruppen in dilettantischen Raisonnements ergehen (79), hängen mit dem Polenaufstand, von dem Szulski erzählt, innerlich zusammen: beide Vorkommnisse sind unmittelbare Folgeerscheinungen der französischen Juli-Revolution von 1830, dem wichtigsten Ereignis der damaligen Zeit, von dem selbst zwar in unserer Erzählung nicht gesprochen wird, das aber gleichwohl – eben als ‚Bezugspunkt' – präsent ist. Wenn der Erzähler auch nur kurz und überdies in indirekter Rede die Äußerungen wiedergibt, so gelingt ihm doch eine scharf belichtete ‚Momentaufnahme', freilich wiederum weniger von den Ereignissen selbst, als vielmehr von der Mentalität derer, die darüber sprechen. Diese Sprecher, die „Rittmeister und Lieutenants", werden analog zum Erzählverfahren im Falle Szulskis von vornherein mit kräftiger Ironie ihres Nimbus entkleidet: sie haben alle, so erklärt der Erzähler, den Mund (nicht das Herz!) auf dem rechten Fleck. Fast ungedämpft schlägt denn auch der arrogante Offiziersjargon durch den Filter der indirekten Rede und präsentiert sich ungeniert in schnoddrigen Wendungen wie „neue französische Wirtschaft" (wohl analog zu der geläufigeren Formel ‚polnische Wirtschaft'), „unsicherer Passagier", „Waschlappen", „halber Kretin" und „Bürgerkönigtum ist Phrasendrescherei", ohne dessen inne zu werden, daß der Ton, den man anschlägt, das eigene Gerede als Phrasendrescherei entlarvt.

Erst wenn sich der heutige Leser einige historische Einzelheiten ins Gedächtnis zurückruft, wird ihm die Schärfe der Kritik an den durch Adelszugehörigkeit bestimmten[57] und als Standesideologie aufzufassenden Gesinnungen der Offiziere bewußt werden. Diese Gesinnungen dekuvrieren sich in den Hohnreden auf Louis Philippe, dessen dicker Regenschirm damals zum Symbol eines neuen Königtums, des ‚Bürgerkönigtums' wurde, in welchem der König nichts anderes als der erste Bürger, der Bürger aber der eigentliche König war, dessen ‚Goldene Tage' (die bis 1848 dauern sollten) mit ihrer Devise „Juste-milieu" und „enrichissez-vous" erst so richtig begannen.[58] Den abfälligen Äußerungen über den französischen König „mit seiner ganzen Konstitution" liegt das große bewegende Thema der ersten Jahrhunderthälfte, die Kontroverse „Volkssouveränität – monarchisches Prinzip", zugrunde. Es ist klar, welche Seite preußische Offiziere bekämpfen: „[...] das Bürgertum, das [...] die ständischen Bindungen der Person, des Besitzes, der Arbeit als lästig empfand, [...] die Fürsorge des absoluten Fürstentums nicht mehr brauchte".[59] Wenn auch „die sozialen und wirtschaftlichen Bedingungen, die in Westeuropa das neue bürgerliche Zeitalter hervorgebracht hatten, „[...] um so weniger wirksam (waren), je weiter man nach dem Osten gelangte"[60] und in Preußen das Bürgertum sich nur schwer neben der aristokratischen Gesellschaft zur Geltung bringen konnte,[61] so mußte dem Offizier und Landadligen doch bereits die Idee suspekt sein, den König nicht mehr als Eigentümer des konkreten Staates, sondern als Repräsentanten oder Diener eines abstrakten Staatswillens anzusehen, seine Macht nicht mehr als eigene, sondern als übertragene aufzufassen,[62] und dies um so mehr, als er sich als Grundbesitzer – nur auf etwas niederer Ebene – in der gleichen Situation wie der König befand, dem er als Offizier durch ein persönlich aufgefaßtes Treueverhältnis verbunden war. Man fürchtete die Konsequenzen: war der Monarch erst einmal oberster Repräsentant eines abstrakten Staatswillens und nicht mehr ‚persönliche Obrigkeit', dann konnte man füglich auch nicht mehr von ‚Untertanen' oder ‚königlichen Bediensteten', sondern mußte von ‚Staatsbürgern' und ‚Staatsdienern' sprechen.[63] Der preußische Landadlige und Offizier der Restaurationsepoche war weder ‚konstitutionell' noch im spezifischen Sinne – trotz der vorangegangenen Freiheitskriege – ‚national' gesinnt, weil er sich dem König und nicht dem Staate verpflichtet fühlte. Er betonte dieses Treueverhältnis aus standespolitischen Gründen, jedoch ohne Bewußtsein davon, daß er damit auch wiederum preußischer Tradition widersprach; denn Friedrich der Große hat sich in gewissem Sinne als erster Diener des Staates betrachtet und in seinem politischen Testament von 1768 gefordert, sein Nachfolger möge dem preußischen Adel, diesem „schönsten Schmuck seiner Krone" und „Glanz seines Heeres", außer Standesbewußtsein auch „patriotischen Sinn" einflößen.[64]

Die geschichtlich bereits damals überholte Einstellung des adligen preußischen Offiziers,[65] der nie gelernt hatte, „auch die eigene Arbeit zu orientieren an den Zwecken des Staates, der Gesellschaft und des menschlichen Lebens überhaupt",[66] spricht in den Reden der Rittmeister und Leutnants besonders aus dem Umstand, daß sie nicht den eigenen Herrscher, sondern den Zaren Nikolaus I. gegen den französischen Bürgerkönig ausspielen, wodurch sie zu verstehen geben, wohin ihr politisches Denken zielt. Denn Nikolaus verwandelte ganz Rußland in eine Kaserne und verfolgte nur ein Ziel: rücksichtslose Durchsetzung und Befestigung der auf die orthodoxe Kirche gestützten Autokratie. Nicht nur in Rußland, auch im übrigen Europa wollte er „revolutionäre" Bewegungen unterdrücken, und nur der Polenaufstand, von dem in unserer Erzählung Szulski berichtet, hinderte ihn damals daran, in Frankreich, das ihm wegen seines fortschrittlichen Geistes besonders verhaßt war, zu intervenieren. 1833 brachte er denn auch die Wiederbelebung der „Heiligen Allianz" zustande, die ihm die Rolle des Gendarmen Europas verschaffte.[67] Die Berufung preußischer Offiziere auf den Zaren, teils Relikt aus der Zeit der Waffenbrüderschaft von 1813, teils aus dem Fehlen des ‚nationalen' Aspekts erklärlich, enthält aber auch eine unausgesprochene Kritik am eigenen König: es scheint, als sei Friedrich Wilhelm III., der ja einst auch (freilich aus einer ‚Notsituation' heraus) so verdächtige „Reformer" wie Stein und Gneisenau hatte gewähren lassen, ihnen nicht ‚scharf' genug, der revolutionären Hydra das Haupt abzuschlagen.

4.4
Berliner Kulturleben und dörfliche Abendunterhaltungen

Die dritte Episode (99 ff.), in der so etwas wie ‚Welt' in die Tschechiner Abgeschiedenheit und Enge hereingeholt wird, ähnelt insofern der Szulski-Episode, als auch hier eine Figur, diesmal Hradscheck, im Mittelpunkt steht, auch hier das Anekdotisch-Aufgelockerte eine große Rolle spielt, zusammengehalten nur dadurch, daß es dem Berliner Theaterleben entnommen ist. Daß hier wie dort gesungen wird, verstärkt nur die Entsprechung.[68] Erzähltechnisch werden jedoch die Verfahren aus erster und zweiter Episode gemischt: die dritte ist halb Szene, in der die Figuren sich selbst exponieren, halb Erzählerschilderung und -bericht. Wegen der zwanglos eingeschobenen Szene Jeschke-Ede

(101 f.), wegen der ungleich längeren Zeiterstreckung überhaupt, ist sie nicht so geschlossen wie die Szulski-Szene, hat sie doch auch den Versuch Hradschecks darzustellen, seinen Tschechiner Mitbürgern endgültig Sand in die Augen zu streuen und damit ihre Erinnerung an vergangene unangenehme Vorfälle ein für allemal einzuschläfern.

Dem heutigen Leser wird es schwerfallen, das, was hier durch Hradschecks Mund und durch die Assistenz des Erzählers aus dem Berliner Theaterleben vorgestellt wird, im einzelnen nachzuvollziehen. Aber darauf kommt es auch nicht an; es genügt die Einsicht, daß auch hier ein Bild der Zeit um 1830 gegeben wird, welches sich durch Nennung von Verfasser- und Schauspielernamen, Singspieltiteln, Possenfiguren, Anekdotensammlungen in dürftigen Viergroschen-Büchelchen und durch die auszugsweise Wiedergabe gängiger Leierkastenlieder, Romanzen und Geschichten als realitätsnah ausweist, zumal Theodor Fontane, der sich einmal als ein „unter Glaßbrenner und Beckmann und unter beständiger Lektüre schrecklicher Wortwitze herangewachsener Spree-Athener" bezeichnet hat,[69] hier viel Selbsterlebtes einfließen ließ.

Die Bedeutung dieser Episode als Zeitbild und als eines für den Zusammenhang unserer Erzählung unentbehrlichen Gliedes läßt sich an zahlreichen Aspekten aufzeigen: hier treten Berliner Vorfälle neben die aus Warschau und Paris, kulturelle neben die politischen; diese berühren ganz Europa, jene – dagegengehalten – nur die preußische Hauptstadt und das, was in ihrem Ausstrahlungsbereich liegt; das Hereinnehmen kultureller Aspekte ins sonst politisch kolorierte Zeitbild ist sowohl Ergänzung als auch Kontrast; dem Ernst angespannten Wollens hier widerspricht das Bedürfnis nach Entspannung, Unterhaltung, Vergnügen dort, dem Nachhaltigen steht das Ephemere gegenüber, was übrigens daran erinnert, nicht in jenen Fehler zu verfallen, den Marx einmal an Stirner rügt: das damalige Berlin mit der Welt und ihrer Geschichte zu verwechseln;[70] trotzdem kommt in dieser Episode ein Hauch des Städtischen in die Dorfatmosphäre, Berliner ‚Keßheit' und Selbstironie kontrastieren mit der dörflichen Stagnation und Schwerfälligkeit, die es allenfalls dazu bringt, sich über andere lustig zu machen, andere durch die Hechel zu ziehen. Vor allem aber potenziert hier Hradscheck mit seinen Anleihen beim

Berliner Theaterleben das ‚Theater', das er den Tschechinern vorspielt. Kraft des Schauspielerhaften in seinem Wesen, das in den ‚Vorstellungen', die er seinen Gästen gibt, gewissermaßen zu sich selber kommt, scheint er sich den Platz in der Sozialordnung des Dorfes gesichert zu haben, nach dem er immer gestrebt hat, wenn auch seine Veranstaltungen verzweifelt den Kunstfertigkeiten der Seiltänzer ähneln, von denen er später erzählt (114).

Sein Prestigegewinn wird äußerlich sichtbar durch die Anwesenheit des sonst so reservierten und von seiner Obrigkeitsfunktion durchdrungenen Schulzen Woytasch (100), der zwar jetzt noch nicht alles mitmacht (107) und manches mißbilligt (105), dafür aber mehr als andere von der Unmittelbarkeit der Vortragskünste Hradschecks geblendet wird, so daß Erinnerungsbilder verblassen – „er (Hradscheck) hat noch so was, was Beckmann nicht hat" (100) –, und angesichts der vorgetragenen Romanze von Eckensteher Nante, dem ‚Berliner Nationalheiligen',[71] fühlt er sich hoffnungslos auf sich selbst reduziert: „Ja, die Berliner! Ich weiß nicht! Und wenn mir einer tausend Taler gäbe, so was könnt' ich nich machen. Es sind doch verflixte Kerls" (104).

Aber auch für Hradschecks Konvivium (104) in dieser Episode, die bäuerliche Tafelrunde, gilt die Einsicht Fontanes, die zugleich mit dem Anlaß zum Lachen den Lacher selbst kritisiert: „Was uns so recht zum Lachen bringt, das ist selten das Beste. Kladderadatsch, Äquivoken, Hanswurstiaden, die von der Straße gekommenen Figuren eines Kalisch und Glaßbrenner – das ist es, was uns zum herzlichen Lachen fortreißt. Ein feinerer Witz, Ironie, Satire dürfen sich selten so lauter Erfolge rühmen."[72]

Schließlich sei auch hier auf die Spannungs- und Steigerungskurve hingewiesen, die dieser Episode einbeschrieben ist: sie kulminiert erstmals in Hradschecks gewagter, auf seinen Widersacher Geelhaar gemünzten Umdeutung einer Berliner Anekdote (105); doch dieser Höhepunkt wird nochmals überboten am Schluß des Kapitels durch die von Hradscheck selbst inszenierte Prozession in den Weinkeller (107), wo der Ermordete verscharrt liegt. Nimmt sich die Anekdotenumdeutung aus wie eine Paraphrase des bekannten Wortes vom Esel, der aufs Eis tanzen geht, wenn ihm zu wohl ist, so steht hinter der Veranstaltung des Kellerumzuges, dem Versuch, Gefährliches ins Komische zu ziehen, die verzweifelte Angst des Mörders vor dem Entdecktwerden.

5
Abel Hradscheck

5.1
Der „Zuzüger"

Abel Hradscheck ist Gastwirt (3), Krämer und Dorfmaterialist (6). Ihm gehört das um Michaeli 1820 eröffnete Gasthaus und Materialwarengeschäft in Tschechin, einem Oderbruchdorf, das explizit als groß und reich bezeichnet wird (3). Obwohl ein Stück Ackerland an der Neu-Lewiner Straße mit zum Grundstück gehört (83), stellt sich Hradschecks Besitz, gemessen an dem der meisten Tschechiner Bauern, als eine bescheidene Größe dar.

Die ökonomische Basis ist vergleichsweise schmal, aber immerhin ausreichend. Denn mit dem Dorfkrug, in dem nur die Knechte verkehren (48, 73, 83, 118) und in dem allenfalls Dorfversammlungen abgehalten werden, darf man Hradschecks Gasthaus nicht gleichsetzen: es weist außer den Wohnräumen des Eigentümers und dem Kramladen noch zwei Giebel- und Logierstuben für Fremde (37, 76), eine in der ganzen Gegend berühmte Kegelbahn (5, 20), ein erst neuerdings an der Hofseite des Ladens angebautes Küchenhaus (5) und schließlich noch die neben dem Laden gelegene Weinstube auf (7, 29, 30). Das ist für ländliche Verhältnisse stattlich genug, so daß denn auch hier Offiziere der Manövertruppen Quartier nehmen (79 f.), Handlungsreisende absteigen – nicht nur Szulski (28 ff.), auch andere (94) –, Vertreter der Obrigkeit auf der Durchfahrt haltmachen und sich ein Gläschen herausreichen lassen (43), Schulze Woytasch jeden Sonntag vor der Predigt sein Glas Madeira zur Stärkung nimmt (90).

Gewöhnlich aber sind es die reichen Alteingesessenen, die Hradschecks Gasthaus besuchen, um zu trinken, zu kegeln, zu spielen und zu schwatzen. Als Repräsentant der lokalen bäuerlichen Oberschicht fungiert ein Quartett: „Wat arme Lüd sinn, na, de bliewen to Huus, awers Oll-Kunicke kümmt, un denn kümmt Orth ook. Un wenn Orth kümmt, denn kümmt ook Quaas un Mietzel", lautet Jakobs, des Hausknechts, umständliche, aber sachdienliche Feststellung (29 f.).

Die Genannten verkehren mit Hradscheck auf Du und Du. Man darf sich aber durch diese wohl ortsübliche Gepflogenheit nicht täuschen lassen und etwa glauben, hier gingen völlig

Gleichgestellte miteinander um. Ruttmann spricht zu Recht von einer „trügerischen Kameraderie".[73] Vielmehr nimmt Hradscheck sowohl seiner Besitzverhältnisse als auch seines Berufes wegen in der Gemeinde eine Sonderstellung ein. Zwar gibt es in Tschechin auch ärmere Existenzen – etwa die alte Jeschke –, denen er überlegen ist; aber mit den reichen Bauern und Mühlenbesitzern kann er sich nicht messen. Die sind ihm nicht nur an Besitz, sondern vor allem in ihrem Selbstbewußtsein als ‚Produzenten' überlegen, während er höchstens für den Eigenbedarf produziert und im übrigen als Gastwirt bloß zum Dienstleistungsgewerbe und als Krämer zur Sphäre des Handels gehört. Die Besonderung wird, trotz Du und Du, äußerlich sinnfällig: „Hradscheck saß vorn neben dem Kutscher, Kunicke neben dem Schulzen. Das war so Regel und Ordnung, denn ein Bauerngut geht vor Gasthaus und Kramladen" (44 f.).

Überdies ist Hradscheck kein Tschechiner, stammt vielmehr, wie Pfarrer Eccelius an Justizrat Vowinkel schreibt (49 f.), aus dem Nachbardorfe Neu-Lewin. Er ist also ein ‚Zuzüger' (wie das die moderne Soziologie nennt), der von vornherein außerhalb des Kreises der Alteingesessenen steht. Für diese, die auf ererbten Höfen sitzen, kommt Hradscheck zudem aus einem Milieu, das ihnen suspekt erscheinen muß: er ist kleiner Leute Kind, der Sohn eines Zimmermanns, im Handwerker-Milieu aufgewachsen. Dem väterlichen Willen folgend wird auch er Zimmermann und arbeitet nach kurzer Gesellenwanderung in Berlin. Aber der Beruf mißfällt ihm, und so macht er in seinem Heimatorte einen Kramladen auf: frühestes Zeichen seiner Unzufriedenheit mit dem eigenen, vom Vater erwünschten sozialen Status, frühestes Zeichen aber auch für seinen Hang zur Veränderung, für seine innere, durchaus geistige Beweglichkeit und Entschlossenheit, was alles auf einen entwickelten Stand seines Bewußtseins schließen läßt.

5.2
Beweglichkeit und Unruhe

Die Gründung eines Kramladens in Neu-Lewin (49), das Vorhaben, nach Amerika auszuwandern (49), das (wenn auch seltsam unbestimmt bleibende) Engagement für „Freiheit und Revolution" (79 f.), die Übernahme des Gasthauses und Materialwarengeschäfts 1820 in Tschechin bestätigen in der Folge seine innere und äußere Mobilität. Sie nimmt nach der unruhigen Phase der Orts- und Berufswechsel im Verlaufe der zehn Tschechiner Jahre eine neue Gestalt an: sie wird zur Baulust, bescheiden zwar und doch auch wieder nicht so bescheiden, daß sie sich nicht nachteilig auf die finanzielle Situation ausgewirkt hätte. So hat Hradscheck eine richtige Ladentür durchbrechen (4) und „erst neuerdings" ein Küchenhaus an die rückwärtige Seite des Ladens anbauen lassen (5). Zwar haben die Wünsche der zum Vornehmtun geneigten Frau Hradscheck diese Baulust erst geweckt und auf den Weg gebracht (4), aber wohl auch auf eine Neigung gezielt, die diesen Wünschen bereitwillig entgegenkam.

Es ist denn auch bezeichnend für Hradscheck, daß er sich als ein Mann gibt, der, auf der Höhe seiner Zeit stehend, für alles Neue schwärmt und versucht, den Bauern und Ölmüllern die Vorteile neuer Rapspressen klarzumachen, wobei er seine fortschrittliche Gesinnung durch ein Konstatieren des Gegenteils bei den anderen unterstreicht: „Nichts für ungut, ihr Herren, aber der Bauer klebt immer am alten" (22).

Schließlich hat man ihm, der selbst beim Spielen und Kegeln den Schreiber und Rechner machen muß (21), die Feuerkassengelder anvertraut (27), weil er „von Berufs wegen" mit dem Schreib- und Rechenwesen besser als die schwerfälligen Bauern Bescheid weiß, eben beweglicher ist als diese (21).

Aber nicht immer zeigt sich diese Beweglichkeit so ‚konstruktiv' wie etwa in der Form seiner Baulust. Sie neigt im Gegenteil oft zum Destruktiven hin und gibt sich als Unruhe, als Unrast kund, die eigentümlich diffus, ohne ein bestimmt ins Auge gefaßtes Ziel bleibt, sich zuweilen als unmotiviertes Hin und Her äußert. Gerade dieser Zug weist auf eine brachliegende Intelligenz hin, die, einmal aktiviert, mit dem raffiniert ausgedachten Mordplan eine gewaltige Fehlleistung vollbringt. Aufschlußreich ist in dieser Hinsicht folgende Bemerkung des Erzählers:

Wenn so das Gespräch ging, ging unserm Hradscheck das Herz auf, trotzdem er eigentlich für Freiheit und Revolution war. Wenn es aber Revolution nicht sein konnte, so war er auch für Tyrannei. Bloß gepfeffert mußte sie sein. Aufregung, Blut, Totschießen – wer ihm das leistete, war sein Freund [...] (79 f.)

Aber nur selten kann sich im Tschechiner Milieu, das auf die Dauer wohl zu fade ist, seine Beweglichkeit so wie hier als Bedürfnis nach „Gepfeffertem", Schockierendem und Sensationellem entpuppen, nur selten kann sein Hunger nach Neuem und Neuestem gestillt werden. Viel öfter muß seine Agilität mit der wesentlich harmloseren Freude an Witzen (104) und Wortspielen – „Hören Sie, Geelhaar, Rum ist gut. Aber Rum kann einen auch ‚rumbringen'" (58) – vorliebnehmen und allenfalls in der Lust am Erzählen und durch seine beachtliche Gabe, den „feinen Vogel" (48), den dörflichen Alleinunterhalter zu spielen (100), sich Befriedigung verschaffen. Sie verbleibt so notgedrungen meist im Bereich des Unverbindlichen, Unwesentlichen, ja oftmals des Läppischen, und nur die seltenen Fälle, in denen sie über diesen Umkreis hinausgeht, lassen ahnen, welche positiven Möglichkeiten es gegeben hätte, ihr Richtung und Ziel zu verleihen. Dennoch verschafft sie ihm im Kontrast zu den Dörflern ein gewisses Air, einen Hauch von Städtischem, von Berlinerhaftem (das er nach dem Tode Ursels ja auch bewußt hervorkehrt), was alles im Dorfe Bewunderung erregt, aber auch Hradschecks Andersartigkeit unterstreicht.

Schließlich unterscheidet sich Hradscheck auch noch in ethnologischem Sinne durch seine böhmische Abstammung (Familienname!) von den eingesessenen Tschechinern, mag auch in diesen selbst noch soviel slawisch-wendisches Blut fließen. Dieses Motiv der Abstammung von einem Volke, das unter den Slawen als das beweglichste (in jedem Sinne) gelten darf, dient lediglich dazu, die individuelle Agilität Hradschecks zu verstärken, zu unterstreichen, glaubhaft zu machen. Es ist in diesem Zusammenhange nachdrücklich festzuhalten, daß Fontane hier wohltuend anders verfährt als etwa Theodor Storm, bei dem das Motiv der Exogamie – der Liebe zu dem, der ‚draußen' steht und nicht in den eigenen Kreis hineingehört – eine große Rolle spielt. Freilich sind es bei Storm fast immer Frauen- und Mädchengestalten, die durch ihre als fremdartig empfundene Schönheit eine Attraktionskraft entfalten, der die einheimischen Männer erliegen und die von den einheimischen Frauen verteufelt wird. Indem aber Storm das Fremdartige fast nur als körperliches Merkmal, als körperliche Schönheit faßt, wird der Akzent trotz der Standesfragen, die gewöhnlich mit hereinspielen, allzusehr aufs bloß Biologische gesetzt, so daß durch die ‚Konstruktion' solcher Figuren immer so etwas wie ein Stück Darwinismus hindurchschimmert. Ähnliche Züge weisen noch die Fontaneschen Figuren der Grete Minde und der Hilde (in *Ellernklipp*) auf. In *Unterm Birnbaum* aber sind in den Figuren Abels und seiner Frau Ursel solche biologischen Daten zu einem Moment unter anderen Momenten herabgedrückt, ja, alle Besonderheiten der beiden werden nicht verabsolutiert und etwa als unauswechselbare Eigentümlichkeiten den Figuren selber zugeschrieben; sie werden eher gesellschaftlich gefaßt, in die Köpfe und Gehirne der anderen verlegt und damit zu bloßen ‚Ansichtssachen' gemacht, zu perspektivischen Aspekten, zu Bewußtseinsphänomenen, in welchen sich bestimmte Einblicke in Objektives, in Tatsächliches eigentümlich mischen mit subjektiven Momenten der „Selbstbewertung" und „Fremdeinschätzung".[74]

5.3
Stellung zu den Nachbarn

Die dörfliche Enge, in der der Klatsch gedeiht (24 f.), zwingt den, der von draußen hereingekommen ist, zu erhöhter Vorsicht. Diese liegt zwar nicht so recht in Hradschecks Naturell. Aber wie das gebrannte Kind fortan das Feuer scheut, so hat auch Hradscheck die Lehre, die die Umwelt erteilt, nicht vergessen, und er beherzigt sie. Das beschwichtigende „Nichts für ungut, ihr Herren [...]", mit dem er seine Kritik an den Bauern einleitet und zugleich abschwächt (22), zeigt das vorsichtige Taktieren dessen, der einst mit seiner mehr übermütigen als klugen Wortspielerei den empfindlichen Dorfgendarmen Geelhaar getroffen und sich dessen Animosität ein für allemal eingehandelt hat (58). Seine Mahnung an Jakob, der Frau Quaas seinen Gruß zu bestellen und „hübsch manierlich" zu sein, weil „Kätzchen" auf Komplimente halte (3), bezeugt gleich am Anfang der Erzählung das Motiv der Achtsamkeit Hradschecks, der den Schwächen der Tschechiner, die er sehr wohl kennt, Rechnung trägt, um durch solche Schmeichelei das prekäre Verhältnis zu diesen zu verbessern. Ursel meint, die Tschechiner beneideten sie (19), womit sie wohl sagen will, daß zur Entspannung und Festigung des Verhältnisses nicht von ihrer Seite, sondern seitens der anderen beigetragen werden müsse. Aber ihr gebricht es nicht nur bezüglich ihres zu auffallenden Schmuckes, sondern auch sonst wohl an „Wahrnehmung für dergleichen" (15); sie achtet ja im übrigen auch nur darauf, was den Himmel verdrießen könnte (9). So schätzt sie die wahre Lage falsch ein und kann deshalb die Beweggründe nicht anerkennen, die ihren Mann, der wohl realitätsnäher ist als sie, in die ‚Kameraderie' mit seinen speziellen Kunden treibt. Sie kann nicht begreifen, daß Abel damit nur das zu praktizieren versucht, was er ihr im Gespräch gleichsam theoretisch auseinandersetzt: seinen Vorsatz, auf die Mentalität der Nachbarn Rücksicht zu nehmen (10) und dadurch der Furcht vor deren Gelächter zu entrinnen (10), einem Gelächter, das, wie er deutlich sieht, sich sowohl an den Extravaganzen Ursels als auch an einem möglicherweise daraus folgenden finanziellen Fiasko entzünden würde.

Es ist aber nicht immer eine einfache Sache, einen solchen Vorsatz durchzuhalten. Da wohnt unmittelbar nebenan die alte Jeschke, die, so freundlich und zutulich sie sich auch gibt, für Hradscheck „eine schlimme Nachbarschaft" darstellt (11). Zwar gibt es dafür keinen realen Grund; aber es handelt sich hier wieder um eine subjektive ‚Ansichtssache', um ein Bewußtseinsphänomen: die Alte ist nun einmal verschrien als „Hexe", die einem obskuren Aberglauben huldige und undurchsichtige Praktiken betreibe, Grund genug, daß ihr bloßes Da-Sein – und das auch noch in unmittelbarer Nähe – geniert, irritiert, ärgerlich macht. Während Hradscheck den Nachlässigkeiten seines Ladenjungen Ede „halb ärgerlich, halb lachend" (4) oder „halb ärgerlich, halb gutmütig" (106) zu begegnen vermag, hier nie aus dem Gleichgewicht kommt, kann er angesichts der „alten Hexe" dieses gleichmütige Halb und Halb nur mühsam in der Balance halten: er wird „ärgerlich und verlegen" (11). Er, der selber abergläubisch ist, wenn auch sein Aberglaube aus einer ganz anderen Wurzel kommt (wie zu zeigen sein wird), hat Furcht vor der schwer zu durchschauenden Alten (12) mit ihren Sprüchen vom Glück, das man nicht bereden soll (11), die ihn, den erfolglosen Glücksjäger, nervös machen.

Um so willkommener ist Hradscheck die gute Beziehung, die seine Frau zu Pastor Eccelius unterhält, willkommen freilich nicht aus religiösem Bedürfnis, sondern aus kaum verhehltem Opportunismus: „[...] die Freundschaft mit einem Pastor kann man doppelt brauchen. Es gibt einem solch Ansehn. Und ich habe mir auch vorgenommen, ihn wieder öfter zu besuchen und mit Ede sonntags umschichtig in die Kirche zu gehn" (15).

Der Akzent ruht allein auf „Ansehn"; denn die Sphäre des Religiösen ist Hradscheck verschlossen. „Was weißt du davon?" fragt Ursel, die ihn kennt. In Ursels Todesstunde, im letzten Gespräch mit seiner Frau bekennt er denn auch – und trotz des Versuchs der Beschwichtigung doch wohl mit aufrichtigem Ernst: „Ich denke, leben ist leben, und tot ist tot. Und wir sind Erde, und Erde wird wieder Erde. Das andere haben sich die Pfaffen ausgedacht. Spiegelfechterei sag ich, weiter nichts. Glaube mir, die Toten haben Ruhe" (90).

Über den Bannkreis der Immanenz vermag sein Denken nicht hinauszugehen. „Ihr habt ja gar keine Religion", sagt Ursel (15), mit Recht, wenn man diese Bemerkung allein auf ihren Mann bezieht. Wenn Abel seinerseits den katholischen Glauben schlicht „alten Unsinn" (15) nennt, dann sagt er nur halb seine Meinung; denn offensichtlich ist ihm jeder Glaube, der über das Irdische hinausgeht, ein alter Unsinn. Seine Beziehung zu Pastor Eccelius, dem amtlichen Vertreter einer Institution, in der transzendierendes Denken zu Hause ist, wird allein von gesellschaftlichen Erwägungen her bestimmt, gehört der Pfarrer doch zu den „Honoratioren", deren Autorität sich im Dorfe um so unangefochtener hält, als sie sich auf Beziehungen nach außerhalb zu Amts- und Logenbrüdern in den Nachbargemeinden, in der Kreis- oder gar der Hauptstadt stützen kann.

Hradschecks Versuch, sich der Freundschaft und des wohlwollenden ‚Patronats' des Pfarrers zu versichern und sich so bei den Dörflern Respekt zu verschaffen, dient, wie alles bisher Erörterte, nur einem Ziel. Dieses Ziel zeigt sich in seiner reinsten Gestalt nicht in Hradschecks Worten, sondern in einer Tätigkeit, die, wie der Erzähler vermerkt, „mehr und mehr seine Lust" geworden ist: Graben und Gartenarbeit. „[...] die mit dem Spaten in der Hand verbrachten Stunden waren eigentlich seine glücklichsten" (11).

Sieht man einmal davon ab, daß dieses Motiv des Grabens, das zunächst die Auffindung des verscharrten Franzosen ermöglicht, den späteren Einfall vorbereitet, die Leiche des Ermordeten einzugraben, so läßt sich seine Lust an Graben und Gartenarbeit psychologisch deuten als ein unbewußtes Identifizieren mit dem, was

Hradscheck nicht ist, aber gern sein möchte: ein Bauer, und wenn nicht gerade ein Bauer, dann doch einer, der wie die anderen im Dorfe ist und wie andere hier etwas ‚gilt'.

Freilich ist diese Lust doppeldeutig: sicherlich ist sie auch ein Ausweichen vor den dringenden Anforderungen des Tages, eine Flucht vor den Sorgen, die ihm seine wirtschaftliche Situation bereitet. Wenn auch diese Existenzsorgen ihre Ursache nicht allein in Hradschecks Unfähigkeiten haben, so sind sie zum Teil doch auch von seiner spezifischen Wesensart her mitbestimmt.

Es zeigt sich, daß Hradschecks Überwechseln vom Handwerk zum Kleinhandel und Dienstleistungsgewerbe nicht der richtige Schritt in der rechten Richtung gewesen ist, zwar sicherlich weniger, weil er, wie Ursel ihm vorwirft, das „Kaufmännische" nicht gelernt habe und deshalb kein guter Kaufmann sei (16), eher deshalb, weil er offensichtlich kein Verhältnis zum Geld hat, wie es einem Kaufmann anstünde. Sparen und Knausern ist nicht seine Sache, liegt nicht in seiner Natur (95), zumal er mit dem Gegenteil Eindruck machen kann: denn Geld ausgeben, viel Geld ausgeben imponiert den Tschechinern (99). So hat er denn überall Schulden: bei Leist in Wrietzen (8), bei Reetzke in Neu-Lewin (23) und bei Olszewski-Goldschmidt in Krakau (8, 27), bei diesen eine gar hochaufgelaufene Summe (30). Er bekommt den Druck zu spüren, den die durch fortschreitende Arbeitsteilung sich verändernden Verhältnisse ausüben, Verhältnisse, die immer mehr den fachlich ausgebildeten Kenner und Könner verlangen und den Dilettanten scheitern lassen. Hradscheck bewältigt seine Aufgabe nicht: der Wirt kann nicht wirtschaften. Seither hat er jedenfalls dem Vornehmtun seiner Frau (4) nachgegeben, die Dinge leicht genommen, vielleicht, weil so schnell nichts tiefer in ihn eindringt, nichts nachhaltigen Eindruck auf ihn macht, nichts den innersten Kern seines Wesens zu berühren vermag. Sein Leichtsinn ist ebenso schuld an der wirtschaftlichen Misere, wie es die Ambitionen seiner Frau sind.

5.4
Psychologie eines Spielers

Er weiß, daß er aus dieser Situation „heraus will, heraus muß", daß er sich und seine Frau „retten möchte" (8). Statt aber der Zwangslage mit rationalen Mitteln und durchdachten Unternehmungen zu begegnen, setzt Hradscheck seine Hoffnung allein auf die Gunst der Göttin, die ihm, entgegen der Behauptung Jeschkes, doch offensichtlich so wenig wohl will: auf Fortuna, die Göttin des Glücks und des Zufalls, ohne zu bedenken, daß die Launische ihn zwar mit einer halben Drehung des Glücksrades nach oben, mit einer ganzen Drehung aber auch wieder hinab in die Tiefe bringen kann. Hradscheck spielt: „[...] du bist kein guter Wirt, denn du spielst schlecht oder doch nicht mit Glück und trinkst nebenher deinen eigenen Wein aus" (16), hält Ursel ihm vor; aber ihr Vorwurf bezieht sich nicht aufs Spielen als solches, sondern nur darauf, darin keine ‚fortune' zu haben: „Ja, Hradscheck, das muß ich dir sagen, wenn du spielen willst, so spiele wenigstens glücklich. Aber ein Wirt, der nicht glücklich spielt, muß davon bleiben; sonst spielt er sich von Haus und Hof. Und dazu das Trinken, immer der schwere Ungar, bis in die Nacht hinein" (7).

Selbst wenn er sich gegen diese Vorwürfe verteidigt, spielt er noch, indem er sie herunterspielt: „Ach, immer Spiel und wieder Spiel! Glaube mir, Ursel, es ist nicht so schlimm damit, und jedenfalls mach ich mir nichts draus. Und am wenigsten aus dem Lotto; 's ist alles Torheit und weggeworfenes Geld, ich weiß es, und doch habe ich wieder ein Los genommen [...]" (8).

Hier spricht sich der Tor die Torheit ab und projiziert sie in die institutionalisierte Unternehmung hinein, an der er sich doch selber beteiligt, und wie sehr er sich Lügen straft, zeigt die Szene mit dem Lotterielos zu Anfang des zweiten Kapitels (9 f.), eine Szene, in der sich vordergründige Komik eigentümlich mischt mit jenem Ernste, der darin liegt, wie hier die Schwäche eines Menschen hervortritt, gegen die er machtlos zu sein scheint: Hradschecks respektvolles und beinahe andächtiges Aufblicken zum Lotterielos auf dem Ständerchen, das allmorgendliche Durchsehen der in der Zeitung veröffentlichten Gewinn-Nummern, das Zerreißen des Loses samt dem sich anschließenden Windorakel, all das bezeugt seine Spielleidenschaft – Leidenschaft hier ganz im Sinne eines Erleidens –, wie denn auch seine Frau „[...] wohl wahrnahm, daß er litt [...]" (9).

Fontane hat nun seinem Glücksjäger einen Zug beigegeben, der die Figur bedeutend vertieft und der für den geistig-seelischen Habitus eines Spielers bezeichnend ist und als überzeugend ‚wahr' erscheint: den Aberglauben. Wie schon angedeutet, handelt es sich um einen Aberglauben, der sich von demjenigen der Tschechiner, von dem der Jeschke unterscheidet: Es ist ein spezieller Spieleraberglaube mit pseudo-rationalen Elementen, der vornehmlich mit Zahlen operiert, die das Glück herbeizwingen sollen. So hat Hradscheck sich ein Los ausgesucht, das unter seinen fünf Zahlen drei Siebenen hatte und durch sieben dividiert glatt aufging (9), und als unter seinem Wurf – natürlich mit der „Lieblingskugel" – einmal sieben Kegel fallen, „triumphierte Hradscheck, der sich bei dem Wurf augenscheinlich was gedacht hatte" (22).

Wenn sich Dostojewskys Spieler fragt: „Kann man denn wirklich einem Spieltische nicht nahekommen, ohne sofort vom Aberglauben angesteckt zu werden?"[75], so dokumentiert sich in dieser Frage ein Wissen um die Zusammenhänge von Spiel und Aberglauben, denen sich der Frager im übrigen ergeben überläßt. Hradscheck hat dieses Wissen nicht; er versucht, die abergläubische Komponente seiner Spielleidenschaft ‚wegzureden': „[...] 's ist alles Torheit" (8). Aber der Abwehrversuch läßt „[...] all seinem spöttisch-überlegenen Gerede zum Trotz [...]" (10) die Momente des Aberglaubens nur noch unvermittelter hervortreten.

Der Zusammenhang von Spiel und Aberglauben beruht auf einem dritten Moment: dem tief gestörten Verhältnis Hradschecks zum Phänomen der Zeit. Offensichtlich fehlt es ihm an der Fähigkeit zu kontinuierlichem Leben und damit zu kontinuierlicher Erfahrung, und dies um so mehr angesichts seiner Sorgen und Nöte, die gewissermaßen die Kontinuität des täglichen Lebensganges auflösen und in die einander entgegengesetzten Momente lebhafter äußerer Betätigung einerseits, starren gedanklichen Umkreisens des immer gleichen Problems andererseits auseinandertreiben.

Dieser Prozeß der Dissoziation kündigt sich bereits in der ‚Vorgeschichte' Hradschecks an: in seiner eigenen Vergangenheit ist die Entwicklung, sei sie nun von seiner Veranlagung, sei sie von den herrschenden Umständen bestimmt, auf diesen Prozeß zugelaufen. In diesem Zusammenhange betrachtet erscheint sein Überwechseln von einer Berufssphäre zur anderen in einem neuen Licht: er hat damit – so darf angenommen werden – die Stetigkeit handwerklichen Arbeitens, wie sie um 1830 noch möglich gewesen sein dürfte, mit der völlig andersgearteten und mehr okkasionell bestimmten Tätigkeit eines Dorfkrämers und -wirtes vertauscht.

Auch das plötzliche Aufgeben bestimmter Vorhaben – die Geschäftsaufgabe in Neu-Lewin, das Abbrechen des Auswanderungsversuches – stimmt nachdenklich, weil hier an der ‚Beweglichkeit' Hradschecks, mit der er den Tschechinern überlegen ist, auch ein negativer Aspekt hervortritt in Gestalt des plötzlichen, unvorhergesehenen Umschlags, der Unberechenbarkeit, der Unbeständigkeit: Zeichen für Mangel an Kontinuität.

In der Erzählung selbst wird dieser Mangel immer wieder vorgeführt im jähen Wechsel zwischen angespannter, ja ‚lustvoller' Tätigkeit – Graben und Gartenarbeit (11), Behagen, wenn Weinstube (7), Kegelbahn (21 f.) und Haus voller Gäste sind (79) – und gedankenschwer-starrem Innehalten, wenn Hradscheck etwa dem Wagen mit den Rapssäcken (3) oder seiner Frau (9) mit einem Blick nachschaut, als würden sie für immer aus seinem Gesichtskreis verschwinden; dazu gehört auch der Blick, mit dem er sein Anwesen umfaßt (5), aber auch das Rechnen, Wägen und Sinnen samt dem Auftauchen daraus zu „Betrachtung und Bewußtsein" (5), ebenso das gedankenvolle Durchblättern des Kontobuches (6, 9), schließlich noch das innerliche Aufarbeiten und Auflösen dessen, was als Rest von den anzüglichen Reden der Nachbarin Jeschke in ihm zurückgeblieben ist (11, 13 f.). Wenn Ursel auf Hradschecks Geständnis, er habe Sorgen über Sorgen, antwortet: „Worüber? Weil du nichts Rechtes zu tun hast und nicht weißt, wie du den Tag hinbringen sollst. Hinbringen, sag ich, denn ich will dich nicht kränken und von totschlagen sprechen" (7), dann klingt das zunächst so, als werfe sie ihm Faulheit vor; aber Hradscheck ist nicht eigentlich faul. Der Vorwurf des Zeittotschlagens – davon einmal abgesehen, daß der Ausdruck „totschlagen" in unserer Erzählung von ominöser Bedeutung ist – zielt eher auf Hradschecks diskontinuierliches Tun, für das Ursel, wenn nicht einen bewußten Blick, dann doch ein sicheres Gespür hat; denn sie, die ehemalige Katholikin, die innerlich am alten Glauben festhält, den sie nur nach außen hin aufgegeben hat, verfügt durchaus über die Fähigkeit, sich dem Glauben gemäß die perspektivische Verlängerung des irdischen Lebens in der Transzendenz vorzustellen (88 ff.), in Gedanken ihr Leben zu überschlagen

55

(28) und es jederzeit zum Himmel (9), zum Jüngsten Gericht (89 f.) in Beziehung zu setzen, es als eingebettet in ein großes Kontinuum zu verstehen. Wie sehr sie in dieser Hinsicht Kontrastfigur zu Hradscheck ist, zeigt folgende Szene: „Du hier, Ursel! Und Kränze! Wer hat denn Geburtstag? – Niemand. Es ist nicht Geburtstag. Es ist bloß Sterbetag, Sterbetag deiner Kinder. Aber du vergißt alles. Bloß dich nicht" (7).

Sein Anerbieten, mit zum Friedhof zu gehen, weist sie zurück, weil, „wer den Toten einen Kranz bringen will, wenigstens an sie gedacht haben muß" (9), womit sie gerade auf das Gefühl für Kontinuität pocht, an dessen Stelle bei ihm das Phänomen des Vergessens getreten ist, die Unfähigkeit, sich des übergreifenden Zusammenhanges des Lebens, so voller ‚Brüche' es auch sein mag, zu versichern. Er verkennt auf fast groteske Weise diesen Sachverhalt und bezeugt damit seine Blindheit, wenn ausgerechnet er Ursel auffordert, nicht so kurz von Gedächtnis zu sein (18).

In seiner vom Vergessen angenagten Erinnerung ragen nur wenige Tage wie Inseln aus dem Meer des Vergangenen, so etwa die Zeit, in der er Ursel gefunden hat, „[...] krank und elend und mit dem Stecken in der Hand [...], da hab ich dich gesehn [...], da hab ich dich bei der Hand genommen, und wir sind hierher gegangen [...]" (18 f.).

Sonst schiebt er alles, was nicht dem Vergessen anheimfiel, innerlich von sich weg: „Und dann die Kinder. Nun ja, sie sind tot, aber ich kann nicht trauern und klagen, daß sie's sind. Umgekehrt, es ist ein Glück" (7), oder bezüglich der Rese in Neu-Lewin: „Und nun ist sie lange tot und unter der Erde" (19).

Er bagatellisiert alles Vergangene und diffamiert den Versuch, es in der Erinnerung heraufzurufen: „Ach Ursel, was soll das! Es nutzt uns nichts, uns unsere Vergangenheit vorzuwerfen" (18).

Vergangenheit ist ihm lästig, die Gegenwart macht ihm Sorgen – so blickt er starr in die Zukunft: „Wie lange noch? Er sann ängstlich nach [...]" (5), und: „Aber wenn das alles eines schönen Tages fort ist?" (19).

Die Formulierung „eines schönen Tages" verrät, daß in Hradschecks gedanklichen Antizipationen der Zukunft sich ebenfalls bestimmte Tage herausheben, analog zum Vergangenen. Ist es im Falle Ursels der Tag des Jüngsten Gerichts jenseits von Zeit und Raum, so sind es in seinem Falle die Fälligkeitstermine: „Und dann kommt die Krakauer Geschichte, der Reisende von Olszewski-Goldschmidt und Sohn. Er kann jeden Tag da sein" (8), und gleich zu Anfang der Erzählung mahnt er den alten Jakob: „Und sag ihm, bis Ende der Woche müßt' ich das Öl haben, Leist in Wrietzen warte schon" (3).

Die Drohung dieser unerbittlich näherrückenden Termine ist zweifellos die stärkste dissoziierende Kraft, die auf Hradschecks Bewußtsein einwirkt. Ihr gelingt das Zersetzen des kontinuierlichen Zeitbewußtseins um so leichter, als ihr darin die Spielleidenschaft helfend entgegenkommt.

Denn wie der Verschuldete gebannt auf die Termine starrt und sorgenvoll nur noch auf sie hin lebt, so starrt der Spieler auf die gezogene oder geworfene Karte, auf die rollende Roulette-Kugel, so lebt er auf die mögliche ‚Chance' hin, auf den Augenblick, der ihm Gelegenheit gibt, den großen ‚Coup' zu landen, sein Glück zu machen oder sein Unglück zu wenden. Die Gegenwart wird dem Spieler, indem er das Spiel immer wieder von vorn anfängt, zu einem Schein-Kontinuum. Ursel spricht sehr richtig, ohne sich jedoch über die tiefere Bedeutung ihrer Bemerkung im klaren zu sein, vom „verdammten Spiel", vom „ewigen Knöcheln und Tempeln" (7). Damit hebt sie einerseits den Charakter des Spiels als eines zur Wiederholung ad infinitum reizenden Vorganges hervor, andererseits rückt sie die Momente des Vergeblichen, des Leeren, des Nicht-vollenden-Dürfens, die allesamt im ständigen Wiederholen eingeschlossen sind, in die Nähe höllischer Strafen.

Diese Gegenwart ist ohne Substanz, ist insofern unerfüllt, als sie lediglich von Gewinnerwartung und Verlustbefürchtung besetzt ist und Erfüllung erst mit dem Schock eintritt, den das Stechen der Trumpfkarte, das Fallen des Würfels, das Einrasten der Roulette-Kugel auslöst. Diese Schocks aber werden erlebt als Momente, die aus dem zeitlichen Kontinuum herausgebrochen sind, und die Wiederholung des Spiels zwingt solche Momente immer wieder herbei, die – eben als Schocks – keine Erinnerung an die enteilende Zeit aufkommen lassen, wie denn überhaupt jedes Spiel mit seinem willkürlich oder zumindest zufällig gesetzten Anfang die Erinnerung an das vorangegangene Spiel löscht. Die Kontinuität, die der Spieler seinem Tun durch Wiederholung verleiht, setzt gerade das Kontinuum der Erfahrung außer Kraft:

in diesem Sinne wird Spiel tatsächlich der Gegenpol zur ‚Arbeit', insbesondere zur kontinuierlich-handwerklichen Betätigung samt ihrer Werkvollendung, wie sie früher noch möglich war; denn „der Begriff des Spiels beinhaltet [...], daß keine Partie von der vorhergehenden abhängt. Das Spiel will von keiner gesicherten Position wissen [...] Verdienste, die vorher erworben sind, stellt es nicht in Rechnung, und darin unterscheidet es sich von der Arbeit. Das Spiel macht mit der gewichtigen Vergangenheit, auf die sich die Arbeit stützt [...], kurzen Prozeß".[76]

Wenn der Spieler sich trotzdem auf ‚Erfahrung' zu berufen pflegt und von ‚seiner Nummer' spricht, von der er sein Glück erwartet wie Hradscheck von der Sieben oder der Lieblingskugel, dann mag darin sich das dunkle Gefühl davon regen, daß die Ordnungen der Erfahrung vom Spiel bereits außer Kraft gesetzt worden sind. Die Zeit, die der Spieler ignoriert, für die er keinen Sinn hat, nimmt sublime Rache: was andere sich von Jahren erwarten, erwartet der Spieler vom Augenblick, dem Augenblick des Gewinns; er wird dessen Gefangener, indem er vom Moment allein alles auf einmal erhofft, was Zeit sonst nur nach und nach zu gewähren pflegt (worin übrigens auch so etwas wie ein ‚Protest' gegen eine Welt liegt, in der man nur durch Arbeit zu etwas kommt; der Spieler hält daran fest, daß ein – in jeder Bedeutung des Wortes – ‚unverdientes' Glück erst das wahre Glück sei). Das Spiel ist nur das „Rauschgift [...], mit dem die Spielenden das Bewußtsein zu übertäuben versuchen, das sie dem Gang des Sekundenzeigers ausgeliefert hat".[77] Das Erwachen aus der Betäubung hat Fontane in unserer Erzählung in einer winzigen und wie beiläufig hingesetzten Geste festgehalten, die deshalb so evident ist, weil sie den Spieler und die Uhr zueinander in Beziehung setzt: „Hradscheck legte die Birne vor sich hin und blätterte das Kontobuch durch, das aufgeschlagen auf dem Pulte lag. Um ihn her war alles still, und nur aus der halb offen stehenden Hinterstube vernahm er den Schlag einer Schwarzwälder Uhr [...] Es war fast, als ob das Ticktack ihn störe, wenigstens ging er auf die Tür zu, anscheinend um sie zu schließen [...]" (6/7).

Alle die dargelegten Züge lassen Hradscheck, den Mörder, als einen Menschen mit ‚ästhetischer' Grundhaltung erscheinen, freilich nicht nur deshalb, weil er die Handarbeiten seiner Frau mit einem „Hübsch. Alles, was du machst, hat Schick" (8) zu würdigen versteht und weil er daneben auch noch bezeichnenderweise ein „Feinschmecker" (11) ist. Hradscheck ist ein ‚Ästhet' mehr in dem grundsätzlichen und vertieften Sinne, den Kierkegaard dieser Bezeichnung – etwa in seinem *Tagebuch eines Verführers* – verliehen hat, ein Mensch, der sich nur auf die Außenwelt stützt und von ihr abhängt. Bliebe der Außengerichtete, Oberflächliche nur ein Bruder Leichtfuß, er hätte sein Leben, allein auf sich gestellt, sicherlich auf seine Weise gemeistert, hätte die unangenehmen Seiten dieses Lebens ‚überspielt'. Aber die Frau treibt ihm den leichten Sinn aus, der Ästhet fängt an zu grübeln, wird zum kleinformatigen Dorf-Hamlet, der, kaum aus seiner Zuschauerhaltung herausgetreten, sich zu sinnloser Tat hinreißen läßt. So wird Abel zu Kain.

6
Ursel Hradscheck

6.1
Mitleidige Liebe

Der Erzähler läßt keinen Zweifel daran, daß Hradschecks Verhältnis zu seiner Frau durch ein Gefühl bestimmt wird, das sehr wohl die Bezeichnung ‚Liebe' verdient, und diese Liebe entbehrt keineswegs einer gewissen Aufrichtigkeit – soweit eben ein nicht allzu tief veranlagter Mann zu aufrichtiger Liebe fähig ist. Diese Einschränkung wird man – der bisher herausgearbeiteten Züge in seinem Wesen eingedenk – immer mitberücksichtigen müssen, wenn man sich mit diesem Verhältnis befaßt. Denn nicht von ungefähr rückt der Erzähler immer dann, wenn von ehelicher Liebe die Rede ist, das Wort ‚Mitleid' in die Nähe. Zuerst ist es Hradscheck selber, dem es über die Lippen schlüpft, sehr gegen seinen Willen, wie die eilige Selbstverbesserung zeigt: „Ursel, da hab ich dich gesehn, und weil ich Mitleid mit dir hatte, nein, nein, erzürne dich nicht wieder [...] weil ich dich liebte, weil ich vernarrt in dich war, da hab ich dich bei der Hand genommen, und wir sind hierher gegangen [...]"(19).

Später gebraucht es der Erzähler: „[...] wenn nicht Ursel gewesen wäre. Die füllte seine Seele mit Mitleid [...], weil er sie liebte (wenigstens auf seine Weise) [...]"(84).

Wenn nicht durch das Wort ‚Mitleid' selbst, dann doch durch jene Selbstberichtigung Hradschecks, die gleich zur Übertreibung greift und sich dadurch verrät, wird klar, daß diese Liebe nicht eine Angelegenheit hochfliegenden, absoluten Gefühls ist und auch von Anfang an nicht war. Von Vernarrt-gewesen-Sein kann bei beiden nicht gesprochen werden, weil man annehmen darf, daß der Entschluß zur Ehe, der gewiß nicht der Gefühlsgrundlage entbehre, mit einem gebotenen Maß von Nüchternheit gefaßt worden sein dürfte. Denn wenn der mit seiner Frau gleichaltrige Hradscheck – beide sind in der Erzählgegenwart Anfang vierzig (8) – erst seit zehn Jahren in Tschechin lebt, wie ausdrücklich festgehalten wird (68), dann waren beide im Augenblick ihres sich Kennenlernens Anfang dreißig und damit nicht mehr die Jüngsten. Sie waren damals vielmehr bereits vom Leben gebrannte Menschen, er auf dem Wege nach Amerika, ein gescheitertes

Verhältnis – die Rese in Neu-Lewin – hinter sich lassend, sie nach einem gescheiterten Ausflug in die Welt, wenn auch nicht ins Vaterhaus selbst, so doch in die Heimat zurückgekehrt – mit einem unehelichen Kinde (18). Zwei im ersten Anlauf Gescheiterte haben sich damals gefunden, und die bitteren Erfahrungen eines jeden dürften neben irgendwelchen Gefühlen das wichtigste Bindemittel gewesen sein, das die beiden aneinander fesselte. Die heftigen Reaktionen – besonders diejenigen Ursels – angesichts der Möglichkeit eines erneuten Scheiterns bilden ein Indiz für die Nachhaltigkeit jener Erfahrungen, ohne die gar nicht verständlich würde, was sich dann tatsächlich in der Erzählung abspielt.

Keine große himmelstürmende Liebe also, aber doch ein stilles und festes Mit- und Füreinander, und so spricht der Erzähler denn auch folgerichtig zunächst nur von Neigung, ohne jede nähere Bestimmung: „Er und sie machten ein hübsches Paar und waren gleichaltrig, Anfang vierzig, und ihre Sprech- und Verkehrsweise ließ erkennen, daß es eine Neigung gewesen sein mußte, was sie vor länger oder kürzer zusammengeführt hatte" (8).

Worte und Gesten Hradschecks – „Ach, Ursel, ich wollte, du hättest bessere Tage." Dabei trat er freundlich an sie heran und streichelte sie mit seiner weißen fleischigen Hand (8) – berühren in ihrer Verhaltenheit sympathisch; sie überzeugen genauso wie die Beteuerung, es tue ihm nicht leid, sie einst heimgeführt zu haben: „[...] du weißt, daß ich in meiner Neigung und Liebe zu dir der alte bin [...]" (19).

Man glaubt ihm das, zumal er nicht im geringsten von dieser Linie abweicht und sie bis zum Tode Ursels beibehält. So heißt es, nachdem er sich auf das Hinscheiden seiner Frau – jetzt Mitwisserin eines Verbrechens – gefaßt gemacht hat: „Daß er darauf gewartet hätte, konnte nicht wohl gesagt werden; im Gegenteil, er blieb seiner alten Neigung treu, war überaus rücksichtsvoll und klagte nie, daß ihm die Frau fehle [...]" (88).

Selbst von den Tschechinern wird die Beständigkeit der Zuneigung Hradschecks zu Ursel indirekt bestätigt durch das verwunderte Unverständnis, das aus den wenig freundlichen Betrachtungen spricht: „Ick weet nich [...], wat Hradscheck an ehr hebben deih. Man blot, dat se'n beten scheel wihr. – Joa, [...] Dat wihr se. Un am Enn', so wat künn he hier ook hebb'n" (91).

61

Mietzels Frau ist im Grunde der gleichen Meinung: Hradscheck bilde sich ein, „wunder was Feines geheiratet zu haben. Und sei doch bloß 'ne Kattolsche gewesen und vielleicht auch 'ne Springerin; wenigstens habe sie so was munkeln hören" (25).

6.2
Attraktivität

Die Ehe Abels und Ursels ruht auf der Grundlage gemeinsamer Lebenserfahrung; das schließt nicht aus, daß trotz dieser Gemeinsamkeit die beiden vom Erzähler als Kontrastfiguren gezeichnet werden. Wenn auch im Leben beider, wie Dorfpfarrer Eccelius vermutet – und er dürfte hierin richtig sehen –, „der kleine Gott mit dem Bogen und Pfeil [...] eine Rolle gespielt hat" und „beide seinen Versuchungen unterlegen sind" (50), so scheint doch trotz des Gleichklangs Ursel der dominierende, der stärkere Partner zu sein. Die Attraktionskraft, die von ihr ausgeht, verleiht ihr ein natürliches Übergewicht. Schon Eccelius glaubt, daß Hradscheck damals, als er Ursel kennenlernte, „von dem Unglück und wahrscheinlich mehr noch von dem eigenartigen und gewinnenden Wesen der jungen Frau gerührt" (50) gewesen sei. Auch Bäuerin Mietzel scheint auf dieses ‚eigenartige und gewinnende Wesen' der Frau Hradscheck anzuspielen, wenn sie im Gespräch mit ‚Kätzchen' Quaas die Frage aufwirft, ob der alte Dorfschulze Woytasch der Hradschecken nach den Augen sehe und diesbezüglich feststellt: „Sie hat so was" (25).

Ähnliches spürt ein alter Eskadronchef, der im Hause Abels Quartier genommen hat:

> Das Hagere, Hektische gab ihr, bei der guten Toilette, die sie zu machen verstand, etwas Distinguiertes, und ein alter Eskadronchef, der sie mit erstaunlicher Ritterlichkeit umcourte, sagte, wenn er ihr beim Frühstück nachsah und mit beiden Händen den langen blonden Schnurrbart drehte: ‚Famoses Weib. Auf Ehre. Wie d i e nur hierherkommt? (87).

Der Blick des Erzählers ist in dieser Angelegenheit zweifellos verläßlicher; er ist frei von den subjektiven Anzüglichkeiten, die die Ansichten der bisher zitierten Personen bestimmen. Zwar stellt auch er fest, daß Ursel „ihrer Zeit eine sehr schöne Frau gewesen sein mußte, ja, sie war es beinah noch" (8).

Aber er fügt sofort hinzu, was jene verschweigen oder übersehen: „Aber man sah auch, daß sie viel erlebt hatte, Glück und Unglück, Lieb' und Leid, und durch allerlei schwere Schulen gegangen war" (8).

Der Erzähler interpretiert die Schönheit Ursels nicht wie die anderen lediglich als Oberflächenphänomen; er sieht das Äußere auch als die Stelle an, an der Inneres erscheint. Dieses Innere wird hier nicht wie bei der Figur der Hilde in *Ellernklipp* biologisch motiviert, sondern gesellschaftlich: Die ‚schweren Schulen' verweisen deutlich genug auf die Schwierigkeiten, die das Dickicht der Gesellschaft dem individuellen Lebensgang entgegenstellt. Der Schönheitstyp, den der Erzähler beschreibt, ist denn auch ein ganz anderer als im Falle Hildes, nicht mehr „blaß und rotblond, und matt und müde",[78] nicht mehr ‚languissant', wie die Franzosen sagen von der apathischen und doch erregenden Schönheit, die den fatalistischen Hang gewissermaßen im Blute trägt; vielmehr muß im Falle Ursels von einer „normalen" Schönheit gesprochen werden, der die Zeit und das, was die Zeit enthält, Spuren eingegraben haben, und der erst die Gewissensbisse nach mitvollbrachtem Verbrechen einen gewissen morbiden Zug verleihen (71).

6.3
Anspruch und Wirklichkeit

Abel ist insofern der schwächere Partner, als er sich offensichtlich nicht der Faszination dieses Schönheitstyps entziehen kann, und es sieht so aus, als sei ein großer Teil seiner Aktivität von dieser „Passion" – im Sinne ohnmächtigen Erleidens – her mitbestimmt. Das alles wäre nicht weiter schlimm, stellte sich Ursels Schönheit naiv und unbefangen dar. Davon kann jedoch keine Rede sein: Ursels Wissen um ihre auf körperlichen Vorzügen und einem gewinnenden Wesen beruhende Anziehungskraft gibt sich in ihrer Kenntnis von „Figurmachen und Toilettendinge(n)" (7) sowie in der Wahl hochanliegender schwarzer Kleidung (14) zur Genüge kund. Schönheit, ihre „Stärke", die Kontakte zu anderen fördern könnte, zieht so eine bedenkliche Schwäche nach sich, die solche Kontakte verhindert: die Beschäftigung mit sich selbst. Die Schöne aber, die nur sich selber sieht und für andere keinen

Blick mehr hat, höchstens noch mit hämischer Genugtuung gewahrt, daß andere nicht einmal wissen, „wie man einen Hut oder eine Haube manierlich aufsetzt" (20) – eine solche Schöne entbehrt der Maßstäbe, wird schließlich blind auch sich selbst gegenüber. Unsicherheit ist die Folge, wie sie der Erzähler in Fragen des Geschmacks feststellt: „[...] der blanke Ledergürtel [...] wurde durch eine Bronzeschnalle von auffälliger Größe zusammengehalten, während in ihren Ohrringen lange birnenförmige Bummeln von venetianischer Perlenmasse hingen. Sie wirkten anspruchsvoll und störten mehr, als sie schmückten. Aber für dergleichen gebrach es ihr an Wahrnehmung [...]" (14 f.).

Darüber hinaus fühlt die egozentrische Schönheit das Bedürfnis nach äußerer Entsprechung, nach einem adäquaten Rahmen, innerhalb dessen sie sich wirkungsvoller darstellen kann. Dieses Interesse ist, wie Ursel selber sagt, in dem Augenblick wachgeworden, als ihre Kinder gestorben waren und sie sonst nichts hatte, woran sie ihr Herz hängen konnte (17). Innere Leere will sie durch Fülle im Äußeren kompensieren. Diesem psychologischen Motiv sind gesellschaftliche Absichten einbeschrieben: Auf ihre Art will auch sie über den augenblicklichen Status hinaus, nicht wie ihr Mann, um sich den Tschechiner Bauern nur gleichzustellen, sondern um sie noch zu überragen. Die isolierte Stellung, die sie einnimmt, unter der sie leidet und von der sie glaubt, andere hätten sie ihr aufgezwungen, will sie verwandeln und nicht etwa aufgeben. Aus der Isolierung, die auf Unterordnung beruht, soll eine positiv zu beurteilende Isolierung werden, die sich durch vornehmes Herausgehobensein legitimiert. In ihrer Wunschvorstellung, deren verbale Formulierung klingt, als habe sie ein verzogenes Kind vorgebracht, hält sie strikt am Abstandhalten fest: „[...] nun will ich es wenigstens hübsch haben und eine Kaufmannsfrau sein, so wie man sich in meiner Gegend eine Kaufmannsfrau vorstellt" (17).

Dieses Wort von der „Kaufmannsfrau", im Oderbruchdorf Tschechin gesprochen, klingt prätentiös, als sei der Kramladen ihres Mannes vom Format einer hanseatischen Firma, in der die Frau des Chefs nur Repräsentationspflichten zu erfüllen hat. Es zeigt, daß Ursel keinen Blick für die sozialen und ökonomischen Gegebenheiten eines Dorfes hat, gegen die ihr Wort als ‚Spitze' gedacht ist. Die Wendung „[...] in meiner Gegend [...]" enthält eine Abqualifizierung „dieser Gegend", Tschechins, woraus hervorgeht, daß Ursel an einer wirklichen Integration, wie sie ihr Mann anstrebt, nicht interessiert ist. Weiterhin beweist jene verräterische Wendung, daß Ursel vorgeformte und -gefaßte Vorstellungen, Vorurteile, von draußen hereinträgt in die neue und ihr fremdgebliebene Umgebung und daß ihr Verlangen, es „hübsch" zu haben, auf Dinge zielt, die nicht nur ihrer Schönheit assistieren, sondern auch im Sinne von Statussymbolen den erträumten gesellschaftlichen Rang unterstreichen und für jedermann sichtbar machen sollen.

Seither war Abel schwach genug, ihre diesbezüglichen Wünsche zu erfüllen. Ihr zuliebe hat er am Haus einige bauliche Veränderungen vorgenommen, was wohl seiner eigenen Baulust entgegenkam, in der der ehemalige Zimmermann, der jetzt selbst als Bauherr auftreten konnte, besondere Befriedigung empfunden haben mochte. Mit den Anschaffungen aus der Konkursmasse auf Schloß Hoppenrade (6/17), zwei kleinen hellblauen Atlassofas, einem schmalen weißen Trumeau, einem Kupferstich nach Claude Lorrain – und der mit Schildpatt ausgelegte elegante Nähtisch gehört doch wohl ebenfalls dazu (15) –, kam er spezielleren kostspieligen Wünschen seiner Frau entgegen.

Auf das Ergebnis dieser Bemühungen weist der Erzähler mit leiser Ironie hin: nichts will so recht zusammenpassen (15). Die Geschmacksunsicherheit Ursels zeigt sich nicht nur an ihr selbst, sie teilt sich auch der näheren Umgebung mit, in der sie sich's „hübsch" macht. Nur selten wird der Erzähler im Falle Ursula Hradschecks ironisch, vielmehr rückt er mit gebotenem Ernst dem Leser das Motiv vor Augen, dem Ursel eigentlich gehorcht und das wohl stärker ist als jede rationale Überlegung: die Angst vor dem Rückfall in inzwischen überwundene Verhältnisse. Er läßt Ursel selber sprechen: „Was Jammer und Elend ist, das weiß ich, das hab ich erfahren. Aber gerade deshalb, gerade deshalb. Ich bin jetzt aus dem Jammer heraus, Gott sei Dank, und ich will nicht wieder hinein" (19).

Hier wird auf Vergangenes zurückverwiesen. Der Erzähler jedoch, wieder einmal streng „objektiv", trägt nicht viel dazu bei, Licht ins Dunkel zu bringen und dem Leser zu erklären, worin der „Jammer", auf den Ursel so nachdrücklich hinweist, bestanden habe. Er läßt lediglich Pastor Eccelius mutmaßen, Ursel sei

Schauspielerin gewesen und krank und elend von ihren Fahrten und Abenteuern heimgekommen (49), er läßt die Tschechiner munkeln, sie sei eine „Springerin" gewesen, womit sie Ursel in die Nähe der Zirkussphäre rücken, und er überläßt es dem Leser, sich auf all das seinen Reim zu machen. Immerhin tragen diese vagen, ungeklärten Andeutungen dazu bei, einiges zu verstehen, insbesondere Ursels Angst, in eine fluktuierende Lebensweise zurückzufallen und den sich daraus ergebenden Wunsch, an einem kontinuierlichen Lebensgange festzuhalten und ihn womöglich zu steigern.

Aber ohne die geringste Ahnung davon, daß in einer Welt, in der das Kapital die ausschlaggebende Rolle spielt, jeder Verstoß gegen monetäre Gesetzlichkeiten den einzelnen der Gefahr aussetzt, mit seinen Aktionen unter das Statusniveau zu sinken, das er mit ihnen gerade übersteigen wollte, zäumt sie das Pferd vom Schwanz her auf: Statt an der Seite ihres Mannes sich des Geschäfts und der Gastwirtschaft anzunehmen, um so auf indirektem Wege zu dem zu gelangen, was sie sich für den privaten Bereich wünscht, wählt sie den direkten Weg, ohne zu sehen, daß sie es damit Abel erschwert, wenn nicht gar unmöglich macht, ein Existenzminimum sicherzustellen und den seitherigen Lebensstandard zu halten.

Die Erzählung setzt an dem Punkt ein, an dem Abel Hradscheck die Kostspieligkeit der Extravaganzen Ursels bewußt geworden ist: „Vornehm, vornehm. Ach, ich rede nicht gern davon, aber deine Vornehmheit ist mir teuer zu stehn gekommen" (16).

Im Verlaufe der Auseinandersetzungen unter den Eheleuten, die vornehmlich das dritte Kapitel füllen, steigern sich Abels Vorwürfe, und es fallen Ausdrücke wie „sich aufs hohe Roß setzen" und „Hochmut: Du wolltest hoch hinaus und was Apartes haben, damit sie sich wundern sollten" (19). Damit stellt Abel sich auf die Seite der Tschechiner. Er übernimmt deren Argumentationen gegen die Ambitionen seiner Frau, von denen er fürchtet, sie könnten die Isolierung von den Dorfnachbarn vertiefen, die er überwinden möchte. Der „Plan" jedoch, den er am Ende des eben genannten Kapitels seiner Frau eröffnet (20), soll die widerstreitenden ‚Tendenzen' auf einen Nenner bringen.

Ungenierter und kräftiger als der Erzähler und als selbst der Ehemann drücken sich die Tschechiner aus: ihnen allen – und nicht nur „Kätzchen" Quaas – ist ein Dorn im Auge, was gut aussieht (24). So hagelt es denn Stichelreden, gespickt mit Anspielungen auf Atlassofa und Trumeau (23), auf Samthut und Straußenfeder (24), auch auf das, was nicht mit den Augen, sondern dem Ohr wahrgenommen wird: Ursels Sprechweise und Wortwahl (25). Gewisse Daten aus Ursels Vergangenheit geben Anlaß zu Vermutungen und Verdächtigungen (25). Das alles kulminiert in der ironischen Apostrophe „Frau Baronin", mit der Quaas in Anwesenheit Hradschecks aufwartet (23).

6.4
Glaube und Schuld

Der Kontrast, den die Figur Ursels zu der Abels bildet, wird durch das Motiv der Zugehörigkeit zu einer anderen Konfession bekräftigt. Dieses Motiv beschreibt im Verlaufe der Erzählung bis zu seinem Verschwinden eine eindrucksvolle Kurve. Wie fast alles in dieser Erzählung, so erscheint auch Ursels Verhältnis zum Glauben nicht ungebrochen: das Motiv tritt anfangs auf in Gestalt des gestörten Glaubens. Ursel ist konvertiert, wollte sich, nach Eccelius' karger Auskunft, „zur Landeskirche halten" (50); nähere Auskünfte kann der Dorfpfarrer, dessen Stärke keineswegs im Aufspüren und Verstehen tieferer Beweggründe liegt, nicht angeben. Er begnügt sich mit dem Faktum als solchem: „[...] Der glückliche Umstand, daß er Frau Hradscheck, die ‚Katolsche‘, in die protestantische Landeskirche aufgenommen, raubt ihm jede klare Einsicht in die Motive ihrer Konversion und ihre bedrükkenden Eheverhältnisse [...]"[79]. Aber auch Ursels polemisch gegen Abel gerichtete Ausführungen, Eccelius sei ein guter Mann, „eine Seele von Mann" (15), obwohl auch er keine eigentliche Religion habe, dürften wohl nicht als Rechtfertigung ihres Übertritts ausgelegt werden, so sehr sie auch die Vermutung nahelegen, der Dorfpfarrer in seiner Vorbildlichkeit habe sie zu ihrem Schritt bewogen; im Gegenteil: Ihre Bemerkungen über Eccelius enthalten eine kritische Spitze, die denn doch verrät, daß sie insgeheim noch am alten Glauben hängt. Dieser Umstand wird vollends deutlich in ihrem Ansinnen, Abel möge doch statt des Lotterieloses das Marienbild aufstellen, das der Hildesheimer Bischof ihr bei der Firmung geschenkt (und das sie demnach sorgfältig aufgehoben) hat (10). So ist Ursel zu Beginn der Erzählung im Grunde in keiner der beiden christlichen Konfessionen zu Hause, ja, wenn sie sagen kann, Armut sei schlimmer als der Tod (20), so scheint sie sich von christlicher Grundüberzeugung überhaupt weit entfernt zu haben.

Erst das Schuld-Motiv setzt das Glaubens-Motiv in Bewegung: Unter der Last der Schuld wendet sich Ursel allmählich wieder ihrem alten Glauben zu, nicht unberührt vom Versagen Eccelius', der, weil Seelsorge „nicht seine starke Seite, noch weniger seine Passion" war (84), blind für die inneren Nöte seines Gemeindemitgliedes bleibt, höchstens „trocken geschäftsmäßig, ohne Pathos und selbst ohne Spur von Salbung" (84) solche Dinge abtut und lieber vom Bauen oder von seiner Nelkenzucht spricht (84/85). Das stößt die Schuldbeladene endgültig in die Sphäre ihres ursprünglichen Glaubens zurück, in der ein Geheimnis Geheimnis bleiben darf und einem armen Sünder Ruh' gegönnt wird (89). So korrespondiert der Unsicherheit Ursels im Ästhetischen die im Religiösen, und nur aus dieser Unsicherheit heraus ist zu verstehen, daß sie sich zur Komplizenschaft bereitfindet, an der sie später zerbricht.

Das Motiv des Katholizismus Ursels bliebe eine bloß äußerliche Etikettierung, wäre es nicht in sehr differenzierter Weise mit bestimmten ‚Zügen' gefüllt. Einer dieser Züge besteht in der Fähigkeit Ursels zu kontinuierlicher Zeiterfahrung (worüber bereits gehandelt worden ist), ein Phänomen, das nicht als eine individualistische Besonderheit, sondern als Ausfluß der halb verdeckten, halb offenen christlich-katholischen Grundüberzeugung Ursels aufgefaßt werden muß. Dieser Zug bestimmt eindrucksvoll die Sterbeszene, in der sich zeigt, wie im Zerbrechen, wie in der Schwäche auch wiederum Ursels Stärke als ein Moment hervortritt: ihr von christlicher Eschatologie her bestimmter Glaube an ein übergreifendes Kontinuum, in dem das irdisch-zeitliche Menschenleben nur einen Augenblick ausmacht (88 ff.).

Ein anderer Zug, der das Motiv des Religiösen füllt, ist der des ‚Danke'-Sagens: „[...] ich habe mich dafür bedankt. Und war auch bloß in der Ordnung. Denn Dank muß sein, und ein gebildeter Mensch weiß es, und es wird ihm nicht schwer" (17).

Nur an dieser Stelle der Erzählung spricht Ursel nachdrücklich vom Danken, übrigens ohne das Danken, das sie als reines

‚Bildungs'-Phänomen deutet, mit Religiösem in Zusammenhang zu bringen: ein weiteres Zeichen für ihre temporäre Unsicherheit im Glauben; aber auch dort, wo Abel Hradscheck von Ursel Dank erwartet, dieser jedoch aus bestimmten Gründen ausbleibt (86), wird noch auf den Rang verwiesen, den das ‚Danken' in Ursels Bewußtsein einnimmt; es ist ihr offensichtlich ein Bedürfnis, zu danken, und es mag zu ihrem ‚gewinnenden Wesen' gerechnet werden, von dem schon die Rede war. Die ‚Ordnung', in der sie dem Danken ausdrücklich einen Platz zuweist, ist selber wieder Kontinuum, dessen religiöse Fundierung freilich im italienischen ‚grazie' mit seinem unvergleichlichen Doppelsinn von Dank und Gnade deutlicher festgehalten wird als im deutschen Wort ‚danken'. Dieses hat mit ‚denken' zu tun, etwa im Sinne von ‚der Wohltaten (ge)denken', womit denn doch auch gesagt wird, daß der Dank, als Widerschein des Glücks des Beschenkten, den Augenblick des Gebens und Nehmens erhöht. Der Dank hebt diesen Augenblick damit zwar aus dem Kontinuum der gleichgültig dahinfließenden Zeit heraus, senkt ihn zugleich auch wiederum ein als ein Mal, an dem (gemeinsame) Erinnerung, subjektives ‚Eingedenken', sich festmachen kann, ein Mal, das Vergangenheit zeitlich gliedert und zusammen mit anderen Erinnerungsspuren sinnvoll ‚ordnet'. So wird dem Augenblick des Schenkens durch den Dank Dauer verliehen. Danken setzt ein Geben voraus, von dessen unverstümmelter Form Adorno sagt: „Wirkliches Schenken hatte sein Glück in der Imagination des Glücks des Beschenkten. Es heißt wählen, Zeit aufwenden, aus seinem Weg gehen, den anderen als Subjekt denken: Das Gegenteil von Vergeßlichkeit",[80] und vom Danken sagt er an anderer Stelle: „Das einzige Verhältnis des Bewußtseins zum Glück ist der Dank: das macht dessen unvergleichliche Würde aus."[81] Der Gebrauch des Imperfekts im ersten Satz der Zitatenreihe zeigt an, daß im heutigen ‚beschädigten Leben'[82] die Menschen das Schenken verlernt haben. In gewisser Weise trifft das bereits auch auf Ursel und Abel Hradscheck zu. Auch die Motive des Gebens und Dankens erscheinen in dieser Erzählung eigentümlich gebrochen. An der Stelle, an der Ursel vom Danksagen spricht (17), dankt sie ja nicht, sondern erinnert nur an ihr Danken, um augenblickliche Vorwürfe Abels abzuwehren, worin selber der Vorwurf liegt, daß Abels Schenken alles andere als das

‚Gegenteil von Vergeßlichkeit' war, kein Akt freier Entscheidung, vielmehr bloß Ergebnis ihres eigenen Drängens. Indem sie so Abels Schenken verkleinert, verstümmelt sie ihr eigenes Danken, dessen Spontaneität sie durch ihr erinnerndes Wiederholen selber aufhebt. An anderer Stelle wird Ursels Dank erwartet (86); er bleibt aber aus, weil das ‚Glück' ausbleibt: Der Umbau der Giebelstuben, von Ursel beinahe eifriger betrieben als von Abel (86), ist ja auch kein ‚Geschenk', sondern Manipulation, um Spuren zu verwischen und Verdacht nicht aufkommen zu lassen, und wird aus purer Berechnung veranstaltet. Hier paralysiert Schuldbewußtsein Ursels Fähigkeit zum Danken, die sich noch unversehrt in dem Pastor Eccelius zugedachten Samtkäpsel (15) versinnbildlichen konnte, was Abel freilich nicht daran hinderte, die Dankesgabe seiner Frau sogleich als Mittel zum Zwecke in seine ‚Berechnungen' einzubeziehen (vgl. 15 f.).

7
„Mutter" Jeschke

7.1
Geelhaar und Jeschke

In der Figurenkonstellation nehmen Dorfgendarm Geelhaar und Mutter Jeschke die Positionen der Gegenspieler ein, wenn auch ihr ‚Gegenspiel' nicht in zielstrebigen Aktionen oder gar in bewußt eingefädelten Intrigen, sondern bloß in der entsprechenden Gesinnung besteht, die sich in mehr oder weniger versteckten „Stichelreden" (83) bemerkbar macht.

Geelhaar, in seiner Mischung aus gestelzter Würde und schmarotzender Versoffenheit ohnehin mit beißender Ironie als Karikatur gezeichnet, steht dem ‚Fall' Hradscheck im Grunde ratlos und als Subalterner auch machtlos gegenüber. Seine erklärte Gegnerschaft beruht nicht auf der Einsicht in objektive Sachverhalte. Vielmehr stellt sie sich deutlich als persönliche Rachsucht dar. Der Liebhaber scharfer Getränke hat die Wortwitzeleien Hradschecks in die falsche Kehle bekommen (58). Das wirft nicht nur ein Licht auf seinen Charakter, sondern auch auf die geringen Fähigkeiten seines Verstandes; denn nur ein sehr beschränkter Geist kann ein Wortspiel, das selber nicht allzu geistreich ist, als Provokation eines überlegenen Intellekts auffassen. Eloquenz ist ihm, der selber den Mund gern vollnimmt, verdächtig, weil er des Tiefsinns der Worte, den er vermutet und den diese kaum jemals besitzen, nicht habhaft werden kann.

In den Gesprächen mit Mutter Jeschke, die trotz Dialektes und einfachster Syntax souverän über jene augenzwinkernde Eloquenz sowohl des Nichts-und-doch-Etwas-Sagens als auch des Etwas-und-doch-Nichts-Sagens verfügt, kommt seine diesbezügliche Ohnmacht, die er gewöhnlich mit einer Überbetonung seiner Amtswürde (vor der wieder die Jeschke Respekt hat) kompensiert, offen zum Vorschein (cf. 62 bis 64, besonders köstlich (98). Wenn ihn auch seine persönliche Rachsucht gegenüber Hradscheck heißt, sich hinter die Jeschke zu stecken, weil er zu wenig weiß, so gehört er als ‚Gegenspieler' doch nicht auf deren Seite: die despektierlichen Andeutungen, die sich die Alte nicht verkneifen kann (60), und die Verlegenheit, die den Gendarmen an der Seite der verrufenen Jeschke überkommt (97), bezeugen, daß

71

beide das auch wissen. Geelhaar gehört vielmehr in die Reihe derer, die die ‚Obrigkeit' vertreten, wenn auch nur als letzter; er gehört zu Vowinkel, Eccelius und Schulze Woytasch, mit denen er die Blindheit teilt gegenüber dem, was sich vor ihren Augen abspielt.

7.2
Im Abseits

Die bedeutendere Rolle fällt Mutter Jeschke zu. Nicht von ungefähr konfrontiert der Erzähler seine Hauptfigur Abel Hradscheck zuerst mit ihr (5/6). Sie ist die ‚eigentliche' Gegenspielerin vor allem deshalb, weil ihr Verhalten und ihr Gerede im Gegensatz zu demjenigen Geelhaars immerhin etwas bewirken: eine Art ‚Bewußtseinsveränderung' bei Ede (102) und bei Hradscheck selbst (109/110), der schließlich aus Furcht vor der argwöhnischen Neugier der Alten und vor dem „Mitternachtsgrusel" des Jungen (106) die Leiche des Ermordeten wieder ausgraben will, dabei aber zu jenem Brett greift, das die Ölfässer am Rollen hindert (4/116), um mit ihm das Kellerfenster zu vernageln (117), und auf diese Weise sich selber fängt.

Trotz sparsam gezogener Linien gelingt dem Erzähler ein lebensvolles Bild der alten Frau, das allerdings aus einer ganz bestimmten Perspektive gesehen wird. Der Passus „Hradscheck aber sah ihr ärgerlich und verlegen nach" (11), an den sich eine kleine Charakteristik der Jeschke unmittelbar anschließt, darf als Indiz dafür gelten, daß der Erzähler hier Hradschecks Blickrichtung übernimmt und im weiteren einfach beibehält. Indem der Erzähler darauf verzichtet, von seinem Standpunkt aus objektiv zu berichten, er vielmehr den subjektiven Urteilen und Meinungen seiner Figuren Raum gibt, gelingt erst jene eigentümliche Verkehrung der Licht- und Schattenseiten, die den Leser mystifizieren sollen. Nur so erscheint die Figur der alten Witwe in einer ‚negativen' Bedeutung, obwohl sie es ist, die als einzige Tat und Identität des Täters wenn auch nicht sicher kennt, so doch ahnt, schließlich ja auch indirekt dessen Selbstüberführung – wie dargelegt – bewirkt.

In der Perspektive der reichen Bauern und Ölmüller, auch in der Hradschecks, der sich ja in gedanklicher Antizipation jenen zugehörig fühlt, steht Mutter Jeschke auf der untersten Stufe der dörflichen Sozialhierarchie. Freilich stellt das nicht nur ein subjektives ‚Bewußtseinsphänomen', eine bloße Fremdeinschätzung dar; der Sachverhalt wird auch objektiv sichtbar: In der Kirche befindet sich ihr Platz in einer der hintersten Reihen (72), beim Begräbnis Ursels, deren unmittelbare Nachbarin sie doch gewesen ist, steht sie auf dem Dorffriedhof offensichtlich abseits von allen anderen (93), Verwandte und Bekannte schämen sich des Umgangs mit ihr und nehmen ihn nur verlegen wahr (Line 59/72; Geelhaar 97). Das Haus, in dem sie wohnt, liegt ebenso abseits; es steht nicht an der Straße, der es gleichwohl die Giebelwand mit einem Fenster zukehrt, ist vielmehr zurückgebaut und hat seinen Eingang an der Seite, dem Garten Hradschecks gegenüber, so daß man von der Straße her einen schmalen Gang entlang der Hradscheckschen Kegelbahn gehen muß, um in das kleine Anwesen zu gelangen, das, zum Teil baufällig (der Schornstein ist schadhaft, und beim heftigen Südost kommen die Ziegel vom Dach herunter), einen scharfen Kontrast sowohl zu Hradschecks Besitz als auch zu den noch stattlicheren Besitztümern der Bauern auf der anderen Straßenseite – dort hat Kunicke seine ‚Villa' – bildet (5/37/38/60).

Alle diese Einzelheiten deuten auf ein Abseitsstehen hin. Nicht nur im wörtlichen Sinne guckt die Jeschke über einen Zaun zu ihren Nachbarn hinüber. Dieses ‚Bild' der hinter einem Zaun stehenden alten Frau sagt über das Wesen ihrer Existenz mehr aus als alle Worte, und indem der Erzähler mit ihm die meisten ‚Jeschke-Szenen' einleitet und es damit immer wieder dem Leser vor Augen rückt, scheint er mit stiller Eindringlichkeit gerade auf die übertragene Bedeutung hinzuweisen, die durch die reale hindurchschimmert.

7.3
„Alte Hexe"

Der mißgünstige Blick der Nachbarn aber – Hradscheck allen voran – möchte aus dieser Position des Abseits am liebsten eine des völlig Exterritorialen machen: die Bezeichnung „alte Hexe" (12, 14, 59, 72, 73, 81, 82, 98, 116), mit der sie die Witwe belegen, wenn diese außer Sicht- oder Hörweite ist (nur Hradscheck sagt es ihr einmal ins Gesicht (82)), verbannt sie wenigstens metaphorisch in den finsteren Wald, wie ihn die Märchen als ‚Gegenwelt' zum menschlichen Siedlungsraum kennen, ins räumlich absolute Abseits. Freilich stilisiert sie sich zuweilen selber zur Hexe, als habe sie die ‚Rolle' angenommen, in welcher die anderen sie gerne sehen wollen, so etwa, wenn sie mit ihrem „Een in't Töppken, een in't Kröppken" (6) oder mit ihrer Warnung vorm ‚Bereden des Glücks' (11) Märchenweisheiten zitiert; und der Erzähler tut hierin ein übriges, wenn er dem ersten Auftritt der Witwe denjenigen ihrer Katze voranstellt, die mit ihrem schwarzgelben Fell gehörig unheimlich aussieht (5), wenn er immer wieder den humpelnden Gang der Jeschke, die natürliche Folge von Altersleiden, vielsagend hervorhebt (6, 11, 72) und sogar solche Unwägbarkeiten notiert wie die mit dem Stock in den Sand gemalten Figuren, als seien diese bedeutungsschwere und unheilverkündende Hieroglyphen (109).

Natürlich spielt die hämische Bezeichnung „alte Hexe" auf die Praktiken der Jeschke an, die die Tschechiner nicht durchschauen, die ihnen deshalb verdächtig sind und als Ausflüsse des Aberglaubens gelten. Dieser ‚Aberglaube' der alten Frau tritt auf in Form von Quacksalberei, sympathetischen Kuren, Blutbesprechungen und Todesvorhersagen (11), ist also abgestellt auf Leben, Krankheit und Tod, auf das, was man ‚Natur' am Menschen nennen könnte, wie sich denn auch die abergläubischen Vorstellungen dieser Art vornehmlich an Naturgegenstände heften: an Farnkrautsamen, an Lammtalg (12), an Raubvögel (92). Wenn der Erzähler aber an späterer Stelle ironischen Tones mitteilt, daß die Jeschke nie Mangel an Kienäpfeln litt, „seit sie letzten Herbst dem vierjährigen Jungen vom Förster Nothnagel, drüben in der neumärkischen Heide, das freiwillige Hinken wegkuriert hatte" (38), dann erscheint ihr Aberglaube denn doch in einem anderen Licht: Er scheint das Narrenmäntelchen zu sein, das sie ihrer durchaus ernstzunehmenden praktischen Lebensklugheit umhängt und womit sie vermutlich der Mentalität ihrer Klienten und Patienten entgegenkommt. Ihre Praktiken leiten sich ja auch von einer Lebensansicht her, die, so primitiv irrationalistisch sie auch sein mag, immerhin auf dem Glauben an die Kraft einer allumfassenden ‚Sympathie' (73), auf der Vorstellung von einem geheimen gegenseitigen Einwirken aller Wesen, aller Dinge aufeinander, also auf der Überzeugung von der Macht innerer Affinität, Wahlverwandtschaft, Zuneigung und Wohlgefallen beruht. So manche Lebens- und Naturphilosophie hat von solchen Gedanken gezehrt. Gewiß, im Falle der alten Jeschke ist das alles zu einem aus allen möglichen Rudimenten zusammengeflickten Aberglauben verkommen; aber ist dieser Aberglaube schlechter als Hradschecks Zahlenbesessenheit? Ist er schlimmer als Hradschecks trostlos-banales Glaubensbekenntnis, das nur aus Tautologien besteht, denen zufolge leben leben und tot tot ist? Ist Jeschkes Aberglaube nicht menschlicher, weil er letztlich auf der Idee der Liebe beruht?

In dieser Beziehung braucht die alte Frau kein allzu schlechtes Gewissen zu haben. Das sollte sich eher bei den Tschechinern regen angesichts der zweideutigen, ja verlogenen Haltung, die sie ihr gegenüber einnehmen; denn ins Gesicht sagen sie zu ihr „Mutter Jeschke", und Hradscheck wieder allen voran. Aber der Erzähler selbst deckt die verborgene Dialektik im Gebrauch der vertraulich scheinenden und soziale Integration zugestehenden Anrede auf, zwar nur bezüglich Lines, der blonden Nichte der Jeschke; da es sich aber um eine ortsübliche Anredefloskel handelt, wie die Erzählung selber beweist, dürfte jene Dialektik auch sonst zutreffen: „[...] sie (Line) nannte sie nie Tante, weil sie sich der nahen Verwandtschaft mit der alten Hexe schämen mochte" (59). Das Wort ‚Mutter' funktioniert also hier – dem eigentlichen Sinne völlig zuwider – als ein Instrument des Abstandhaltens; es wird als beschönigendes Hüllwort in die Nähe des Wortes „Hexe" gerückt, gewissermaßen zu dessen Stiefschwester gemacht, obwohl es sich im Munde der Tschechiner den Anschein gibt, von diesem am weitesten entfernt zu sein.

Selbst Eccelius, von dem man anderes erwarten sollte, reiht sich mit seiner Predigt ein, die, unter dem Motto „Tuet nicht Unrecht den Fremdlingen" (71), einer ähnlichen Dialektik unterliegt wie die Anredefloskel der Dörfler. Als Rechtfertigungsrede für die Hradschecks gedacht, wird sie zugleich zur Anklagerede gegen die Jeschke, womit der Dorfpastor, ohne sich dessen bewußt zu werden, den Status, den er von denjenigen wegreden will, die er verteidigt, gerade derjenigen einredet, die er anklagt: den Status des Fremdlings nämlich, des Fremdkörpers im Fleische der Gemeinde.

Indem der Erzähler aus den oben angeführten Gründen die Jeschke aus dem Blickwinkel der Nachbarn betrachtet und deren Anrede „alte Hexe" scheinbar ungerührt übernimmt, kann er schonungslos zeigen, wie man mit einer alten, alleinstehenden Frau umspringt. Wenn auch die Jeschke auf das repressive Verhalten der anderen im großen und ganzen gelassen reagiert und die ‚Rolle' spielt, die man ihr aufzwingt, so gibt es doch im Verlaufe der Erzählung auch Situationen, in denen die alte Frau vor äußerem Druck deutlich zurückweicht. Das geschieht immerhin dreimal: vor Geelhaar, der ihr Unannehmlichkeiten androht (63), unter dem Eindruck von Eccelius' Predigt (73) und schließlich vor Hradscheck, der, unter dem Zwange des eigenen schlechten Gewissens, sie mit einer angedrohten Verleumdungsklage einschüchtert (82) und sich nicht scheut, bei dieser Gelegenheit das häßliche „alte Hexe" zu gebrauchen. Was bleibt ihr übrig, als in allen Fällen und auf alle Fälle sich zu ducken? Sie hat es längst gelernt, wohl wissend, daß man in einem solchen Alter nicht mehr aus dem Abseits herauskommt.

7.4
Die Überlegenheit der Unterlegenen

Wie Negatives oft dialektisch in Positives umschlägt und aus Schwäche Stärke wird, so zieht die alte Jeschke aus der ihr aufgedrängten Rolle der Abseitsstehenden, der zur Passivität Verurteilten auch wiederum Vorteile, ja Aktivitäten; denn der unfreiwilligen ‚Zuschauerin' wird die Freiheit des ungetrübten, uneingeschränkten Blicks und Überblicks zuteil. Sie überschaut die ‚Bühne', auf der sich das Dorfleben darstellt, sie kennt und durchschaut die Akteure, die meist in ihr eigenes ‚Spiel' vertieft, in sich selbst befangen und darum ihrerseits ‚beschränkt' sind. Die Bemerkung des Erzählers im Schlußkapitel – „Sie wußte schon alles und sah mal wieder über den Zaun" (121) – darf schon deshalb als die richtige Formel gelten, auf die das Wesen ihres sozialen Verhaltens zu bringen wäre, weil sie das Bescheidwissen hervorhebt, in welchem die Überlegenheit der Unterlegenen besteht. In Jeschkes Hinweis „Den kenn ick" (109), der auf Kunicke gemünzt ist, findet diese Überlegenheit ins Wort, das erst dadurch seinen ernst-bedrohlichen Unterton, seinen gewichtigen Charakter erhält. Geelhaars gleichlautende Bemerkung, diesmal auf Hradscheck zielend (58), nimmt sich dagegen nichtig aus als die leere Drohung dessen, der im Grunde nichts weiß, seinen Kontrahenten nicht kennt.

Bescheidwissen als Überlegenheit der Unterlegenen: das mag ein Trost sein und ist zuweilen einer. Allein die Jeschke weiß nur zu gut, daß es ein unverzeihlicher Fehler wäre, diese „Stärke" offen zu zeigen. Sie läßt sie kaum unmittelbar hervortreten. Es genügt ihr, wenn andere sie ahnen, sie fürchten, vor ihr unsicher werden. Wird sie direkt darauf angesprochen, dann tarnt sie ihr Wissen, spielt es herunter, streitet es ab: „Un wat weet ick denn ook? Ick weet joa nix. Ick weet joa joar nix" (63) beteuert sie dann mit der ihr eigenen Rhetorik, die die Wiederholung als Steigerungsmittel liebt. Der Abwehrgestus ist als stehende Formel geradezu in ihre Sprache eingegangen: „Joa, Geelhaar, ick weet nich, [...]" (63), „Ick weet nich, Line, [...]" (72) oder „Joa, wat weet ick?" (110) kommt auffallend oft über ihre Lippen, stets begleitet vom hinauszögernden „Joa", oft begleitet von der zeitgewährenden Namensnennung.

Jeschkes Informationsvorsprung, durch Topoi des Nichtwissens und der Bescheidenheit notdürftig verdeckt, durch Gesten des Schmeichelns und Anbiederns nur unvollständig kaschiert, beruht auf einem Material, das eine unermüdliche Neugier ihr verschafft. Diese Neugier mag zum Teil Charakterschwäche sein, sie ist daneben sicherlich auch ein Produkt des erzwungenen Abseitsstehens, eine natürliche Folge des unnatürlichen Zuschauerdaseins. Bedenkt man aber ihre Lust am Plaudern (59) und ihre von keinen moralischen Bedenken gehemmte Freude an Geschichten von begünstigten und genasführten Liebhabern (59), die sie nur noch in der Behaglichkeit ihrer Stube samt Rotkehlchensang, Wanduhrticken und Ofenknistern genießen kann (59 f.), dann entsteht das Bild eines für alles Menschliche offenen und vorurteilsfreien Wesens, an welchem gerade der Zug zur Geselligkeit hervorsticht. Von daher gesehen scheint ihre Neugier nur die Verkümmerungsform zu sein, zu der ein einst umfassendes Interesse am Mitmenschen im Laufe der Jahre geschrumpft ist.

Jeschkes Neugier richtet sich vornehmlich auf Hradscheck, ihren unmittelbaren Nachbarn, und zeitweise sieht es so aus, als steigere sie sich bis zur ernstgemeinten Anteilnahme. Aussprüche der alten Witwe wie „Se hebben Glück" [...] (11) und „Man möt' man blot Kurasch hebben. Un Se hebben joa [...]" (110) gelten demjenigen, der zwar in der Dorfhierarchie über ihr steht, aber in seiner Sphäre verzweifelte Anstrengungen unternimmt, bestimmte isolierende Schranken zu durchbrechen. Wenn überhaupt jemandem, dann darf man der Jeschke zutrauen, sie wisse um die gemeinsame ‚Interessenlage', aus der heraus sie Hradschecks Versuche – wie es scheint – mit Sympathie verfolgt und ihm gönnt, was ihr nicht mehr gelingen kann. Die Hradschecks freilich erkennen nicht, daß die Jeschke genauso in einer Abseitsposition steht wie sie selbst – jedenfalls ihrem eigenen Bewußtsein nach – zu stehen meinen. Ursel mit ihrem Blick aufs Höhere und Feinere ist ohnehin ein solches Erkennen verwehrt, und ihm, dem seine Frau ständig in den Ohren liegt, eben deswegen wohl auch; beide sind zu sehr mit sich selbst beschäftigt. Schon die ungleiche Konstellation – hier die alleinstehende alte Frau, dort das relativ junge Ehepaar – macht ein Erkennen unwahrscheinlich. Jedenfalls weisen die Hradschecks die stete Teilnahme der Jeschke an allen ihren Angelegenheiten als Eingriff in die private Sphäre zurück, sehen darin nur Neugier als treibendes Motiv. Erst bei gleicher Konstellation – hier Witwe, dort Witwer – macht die Jeschke noch einmal den Versuch, eine gemeinsame Basis zu schaffen, indem sie trotz ihres Argwohns, Hradscheck könne ein Mörder sein, ihm ihre Nichte Line empfiehlt (110 f.); aber auch jetzt wird sie zurückgewiesen.

Es ist nicht anzunehmen, daß die Jeschke etwas anderes erwartet hätte. Spätestens mit ihrem „[...] ick tru em nich [...]" (40) weiß der Leser, daß Mißtrauen nicht nur auf Hradschecks Seite herrscht. Diese Formulierung, im Selbstgespräch auf nächtlichem Beobachtungsposten gemurmelt, hat – auch vom Kontext her gesehen – eine Bedeutung, die deshalb über den aktuellen Anlaß hinausgeht, weil in ihr Grundsätzliches über ihr Verhältnis zum Nachbarn (und dessen Frau) festgestellt wird. Es wäre jedoch voreilig, zwischen dem Mißtrauen einerseits und der Sympathie, die die Jeschke andererseits dem Tun und Gebaren Hradschecks entgegenbringt, einen Widerspruch zu sehen. Dieser Widerspruch, der vorerst tatsächlich zu bestehen scheint, löst sich, wenn die zitierte Formulierung mit anderen Bemerkungen der Jeschke über ihren Nachbarn zusammengesehen wird, besonders mit ihrem gleichsam einen Schlußstrich ziehenden Ausspruch: „Joa, Joa. De olle Voß! Nu kümmt he nich wedder 'rut. Fien wihr he. Awers to fien, loat man sien!" (121). Hier erst wird deutlich, daß ihr Mißtrauen nicht auf den ganzen Menschen Hradscheck zielt, sondern auf eine bestimmte Fähigkeit seines Verstandes; denn hier stellt sie ihrer eigenen Lebens- und Alterserfahrung und ihrer eigenen durch eben diese Erfahrungen gewitzten Klugheit, die sie zwar sprachlich nicht ins Feld führt, aber als Sprecherin wohl stillschweigend voraussetzt, die „Feinheit", Schlauheit, ja Verschlagenheit Hradschecks gegenüber; hier übt die Gelassenheit des Alters Kritik an der Ungeduld der Jüngeren, die in ihrem Leichtsinn insofern auch wiederum ‚alt' erscheinen, weil Jüngere halt schon immer so gewesen sind. Mit großartiger sprachlicher Sicherheit faßt sie zu Recht ihr Urteil über Hradscheck, den Jüngeren, ins überlieferte Bild des „alten Fuchses". Darin schwingt deutlich der Ton der Bewunderung mit; darin liegt zugleich auch ihre Kritik. Denn der Fuchs der Fabel, der durch Geisteskraft (eben seine Schlauheit) eine Situation materiell für sich entscheidet, die er physisch nicht hätte zu seinen Gunsten ändern können, ist und bleibt ‚Herr der Situation'; Hradscheck, der alte Fuchs, bleibt es nicht, ist es nur temporär, weil das reale Leben nicht nur aus einer Situation besteht. Was ihn nach Meinung der Jeschke zu Fall bringt, ist ein Zuviel an Schlauheit, eine Überschläue, die schon wieder zur Dummheit wird. Das entscheidende „Zuviel" im Falle Hradschecks liegt darin, daß er neben seiner Geisteskraft – Ausdenken eines raffinierten Planes – auch physische Gewalt – Ermordung Szulskis – anwendet, um eine Situation zu seinem Vorteil zu verändern. Darin, daß sein Zuviel an Schlauheit solche Gewaltanwendung gutheißt, liegt zugleich ein Zuwenig an Schlauheit; denn sie wird nicht etwa aufgezehrt durch den Akt der Situationsveränderung – den hat ja pure Gewalt vollzogen –, sondern allein durch die Anstrengung des Vertuschens dieser Gewaltanwendung, dieses ‚Zuviel'. In den Augen der Jeschke ist eine solche Schlauheit, die ihren eigenen Herrn schlägt, unrealistisch, weil sie Wirklichkeit ignoriert und überfliegt, sich zu unüberlegt im Bereich der Wünsche tummelt, ohne sich durch Einsicht ins Mögliche und zu Verwirklichende einzugrenzen, unrealistisch auch, weil sie zu okkasionell bestimmt ist, nur aus der Gunst eines zufälligen Augenblicks erwächst, diesen Augenblick vielleicht glücklich meistert, am nächsten aber scheitert.

Der alten Frau ist offensichtlich nicht bewußt, daß auch sie zu Hradschecks Scheitern beigetragen hat. Es ist bemerkenswert, daß sie, die einmal die ‚Kurasch' des Gastwirts vielsagend hervorgehoben hat, ohne die Möglichkeit des Schuldigwerdens durch eben diese Courage in Erwägung zu ziehen (110), auch jetzt nach Hradschecks Ableben kein Wort über dessen Schuld verliert. Sie beurteilt (und verurteilt) gewissermaßen nur seine ‚Lebenstechnik', abgelöst von jeglichem Inhalt, als ein Phänomen, das jenseits von Gut und Böse steht, an das sie keine moralischen Maßstäbe anlegt, sondern allein materielle: Hradschecks Tun ist für sie nur gut oder schlecht in dem Sinne, wie etwa ein Messer gut oder schlecht ist für den Zweck, zu dem man es als Mittel gebraucht.

Auch hierin unterscheidet sich die Jeschke von den anderen, steht sie abseits. Mord aber bleibt Mord, und deshalb ist es verständlich, wenn die Tschechiner anders denken und schnell mit einem Urteil bei der Hand sind, ohne viel abzuwägen, welches Maß an Schuld den Umständen und welches Hradscheck selbst beizumessen wäre. Was auch in diesem Falle allein für sie zählt, ist das Faktum, ist der Mord. Dorfgendarm Geelhaar, in der Schlußszene dieser Erzählung gleichsam Stellvertreter des Dorfkollektivs, kehrt denn auch im Hause des Mörders Kaltschnäuzigkeit, „den Polizei-Kehr-mich-nicht-dran" heraus (120), trinkt Hradschecks Kognak und Rum, spaziert in dessen Garten wie in einem herrenlosen Besitz auf und ab und tut, „als ob nun alles sein wäre" (121).

Anders reagieren diejenigen, denen das durch Jahre hin mit Vorliebe besuchte Haus zum „Haus des Schreckens" (119) geworden ist, voran Kunicke, Woytasch und Pfarrer Eccelius. Bezeichnend für sie ist das Schweigen, sind die wenigen Worte (119), mit denen sie das aus Verlegenheit und Selbstvorwürfen gemischte peinliche Gefühl der Betretenheit bemänteln. Nur nach und nach löst sich ihre Zurückhaltung. Was aber dann zwischen ihnen im Tone der Ernüchterung erörtert wird, setzt denn doch hinter Geelhaars Triumph, hinter die selbstgefällige Mentalität der Tschechiner und schließlich hinter die Argumentation der Sprechenden selbst ein Fragezeichen.

Während die Sorge des Dorfschulzen kennzeichnenderweise der Erbschaft gilt, leitet der Dorfpfarrer seine Sorge, wie und wo man Hradscheck unter die Erde kriege, aus dem Umstand her, daß – wie er der Form nach juristisch-korrekt, dem Inhalte nach sibyllinisch dunkel formuliert – alles klar und doch nichts bewiesen sei (120). Woytasch, ein praktisch denkender Mann, der seine Tschechiner kennt, begegnet der Ratlosigkeit des Pastors mit einem Vorschlag, der sich mit seinem „Halb und Halb" deutlich als Kompromiß ausweist. Er besteht darin, die Beerdigung Hradschecks auf dem Dorffriedhof – wenn auch abseits, „wo die Nesseln stehn und der Schutt liegt" (120) – durchzusetzen, dafür aber sonst den Tschechinern freie Hand zu lassen, die, wie er wohl richtig voraussieht, ihrer Entrüstung über die Schuldigen auch noch nach deren Tode handgreiflichen Ausdruck verleihen werden. Die Argumentation, deren er sich dabei bedient, ist spitzfindig genug, nimmt sie doch Zuflucht zur sophistisch anmutenden Unterscheidung von „Menschenordnung" und „Friedhofsordnung", als sei die letztgenannte nicht auch von Menschen gemacht. Die Aufspaltung dessen, was dem Begriffe nach unteilbar ist, gestattet es ihm, den einen Teil zu erhöhen, indem er den anderen abwertet, gestattet es ihm weiter, durch Wegschauen das Verletzen der abqualifizierten Friedhofsordnung durch die Tschechiner zu dulden, um jene höhere „Menschenordnung" zu retten. Ordnung, wie sie Woytasch versteht, erhält sich nur durch ein Verletzen der Ordnung. Wer aber so denkt, stellt sich – in einem grundsätzlichen Sinne – dem gleich, den er gerade verurteilt hat; denn so dachte auch Hradscheck und handelte danach.

Unterrichtshilfen

1
Didaktische Aspekte

Vorbemerkung
Heutzutage gehört der „Krimi", gedruckt oder auch gesendet, zweifellos zu den literarischen Genres, die am stärksten und (wie die fast zärtlich klingende abkürzende Benennung vermuten läßt) mit einer Haltung konsumiert werden, die vornehmlich emotional bestimmt ist. Das Gros des auf dem Markte Angebotenen zeichnet sich auch nur selten durch intellektuellen Reiz aus, zielt vielmehr teils durch überbetonte Aktionen, teils durch klischeehafte Psychologisierungen und Typisierungen auf eine schnelle und restlose Identifizierung des Lesers mit dem Gelesenen, des Zuschauers mit dem Geschauten. Zumal in der heute vorherrschenden Form der Detektivgeschichte, die diese Identifizierung noch dadurch erleichtert, daß sie sich an einem „Helden" festmachen kann, tritt die Funktion solcher Literatur, nämlich zu unterhalten und dabei psychische Entlastungen zu schaffen, deutlich genug hervor.

Einsichten in gesellschaftliche Zusammenhänge sind dabei primär kaum zu gewinnen. Sie werden eher verstellt, so etwa durch die Figur des Detektivs, der meistens als Einzelgänger dargestellt oder wenigstens aus dem Kreise seiner Kollegen deutlich herausgehoben wird, ein Verfahren, das die Illusion vermittelt, als könne auch heute noch in einer Zeit der Flugzeugentführungen, Geiselnahmen und Banküberfälle großen Stils ein einzelner die Gesellschaft von jenen befreien, die störend in ihr Gefüge eingreifen. Genauso realitätsfern ist man in der Darstellung der Täter und ihrer Motive. Gesellschaftliche Normvorstellungen werden unbefragt als Richtschnur vorgegeben, der Verbrecher wird einfach daran gemessen, sein abweichendes Verhalten dadurch nicht bloß registriert, sondern auch aus größeren Zusammenhängen isoliert: damit kann man ihm das „Böse" allein zuschieben. Die Frage, ob die auf diese Weise privat-autistisch scheinenden Interessen und Motive des Täters nicht auch vom Zustande der Gesamtgesellschaft her mitbestimmt sind, wird meistens überhaupt nicht oder nur undeutlich gestellt, entsprechende Zusammenhänge werden nicht oder nur unzulänglich im Text entfaltet. Der landläufige „Krimi", der mit der Auffindung einer Leiche beginnt und mit der Überführung des Täters endet und dazwischen nichts bietet als bloß einen dünnen pseudo-logischen oder pseudo-kausalen Faden, der schlecht und recht Anfang und Ende verbindet, sonst aber so gut wie nichts aussagt, wäre als schlechtes Ganzes erst einmal in Frage zu stellen: dann ließen sich Einsichten sekundärer Art gewinnen.

Gleichwohl lassen sich diese Gegebenheiten des augenblicklichen Zustandes, der selber Produkt gesellschaftlicher Entwicklungen ist, als wenn auch noch so fragwürdige sozio-kulturelle Voraussetzungen begreifen, an die angeknüpft werden kann und muß. Wenn der pädagogische Grundsatz, mit Konkretem zu beginnen und dann erst zu Abstraktem aufzusteigen – also z.B. erst Novellen zu lesen, bevor der Gattungsbegriff Novelle eingeführt wird –, heute noch gelten soll, dann bieten die konkreten Erfahrungen der Schüler mit Kriminalfilmen und -romanen den besten Ausgangspunkt. Denn angesichts der weiten Verbreitung des Genres – Spiegel seiner Beliebtheit und der fast ans Bedenkliche streifenden Faszination, die von ihm ausgeht – darf unterstellt werden, daß von einem bestimmten Alter an Schüler zu seinen regelmäßigen Konsumenten gehören. Sie kennen die Gattung und interessieren sich für sie, wissen um die einschlägigen Inhalte, vielleicht sogar um die hervorstechenden Prinzipien der oft groben Machart, manche freilich nur in Form unreflektierter, unaufgearbeiteter Erlebnisse, sicherlich oft auch in Form des Erliegens vor der Macht der Faszination. Andere aber, so darf denn doch auch angenommen werden, haben jenen Weg vom Konkreten zum Abstrakten, vom Besonderen zum Allgemeinen bereits zurückgelegt und verfügen in ihrem Bewußtsein durchaus über einen mehr oder weniger gefüllten, gesättigten Gattungsbegriff: Sie haben ihre diesbezüglichen Erfahrungen, Einsichten und Erkenntnisse höchstwahrscheinlich bloß noch nicht deutlich zu formulieren brauchen. Hinsichtlich einer geplanten Behandlung der Fontane-Erzählung im Unterricht wäre es kein Umweg und stellte keine Verletzung jenes pädagogischen Grundsatzes dar, verlangte man von vornherein den Schülern diese Formulierungen ab. In einem Unterrichtsgespräch könnte so das Muster erstellt werden, nach dem Kriminalromane gebaut sind und das sie jeweils nur variieren, wobei die Konstituenten – Kriminalfall (und Leiche), Detektiv (oder die Instanz, die im Namen des Rechts den Fall aufdeckt) und die Verdächtigen (oder die Repräsentanten der Gesellschaft, in der sich die Handlung abspielt) – stets gegeben sein müssen. Die Schüler verfügten anhand eines solchen Musters über einen Rahmen, innerhalb dessen sie gezielte Fragen an den Fontane-Text stellen könnten. Ein solches Vorwissen, erpicht darauf, die Modifikationen und Variationen des Musters, die Abweichungen davon zu erkennen, hilft vielleicht, das Lesen und Weiterlesen eines nicht gerade kurzen und darüber hinaus auch noch über hundert Jahre alten Textes besser zu motivieren. Aber außer solchen unterrichtstechnischen Vorteilen könnten auf die angegebene Weise wichtige Einsichten gewonnen werden. Die Schüler, vom Muster ausgehend, müßten bei der Lektüre des Fontane-Textes auf allerlei Befremdliches stoßen (Handlung spielt ja gar nicht heute, spielt nicht in der Stadt, es gibt keinen Detektiv, keinen Kommissar, Täter wird eigentlich gar nicht überführt, etc. etc.), d. h. sie müßten etwas von der geographischen und historischen Ferne, von der anderen Zeit- und Bewußtseinslage, von der Fremdheit der geschilderten Umstände spüren, während das Tatmotiv modern anmutet und – weil es auch heutzutage vorkommt – dem zeitlichen Wandel nicht unterworfen zu sein scheint. Die Fontane-Erzählung in ihrer Eigenschaft als historisches Zeit- und Sittenbild und als historische Milieu-Studie könnte so zur Geltung kommen, könnte helfen, Sinn für Historisches, Verständnis für Vergangenes bei den Schülern zu festigen.

Zur Erstellung eines Musters gehört nun nicht nur der Einblick in die Konstruktionsprinzipien hinsichtlich der Handlung und des Personals, sondern auch Einsichten in einen diffizilen Mechanismus von Spannung und Entspannung. Erika Dingeldeys Ausführungen können helfen, das Funktionieren dieses Mechanismus zu begreifen:

> Eines der entspannenden Momente in der Rezeption von Kriminalgeschichten beruht auf einer Konstellation, in der grundsätzliche Sicherheit – obzwar gegen Widerstände – sich durchsetzt. Diese Sicherheit herrscht als Formgesetz (ein immergleiches Muster wird variiert) und als inhaltliches Gesetz auf mehreren Ebenen. Die Spannung entsteht zwar aus dem Gegensatz zwischen dem Unheimlichen, Bodenlosen, Katastrophischen und der Sicherheit der Normalität, doch auf die Gesamtheit, das Ende der Geschichte gesehen, ist letztere unaufhebbar, nur gestört, nicht vernichtet. Sicherheit, das ist erst einmal die voraussetzungslose Gewißheit, daß es Recht gibt, daß es als solches eindeutig erkennbar ist. Sicherheit bedeutet zum zweiten, daß in der Gesellschaft diejenigen, die auf der Seite des Rechts sind, die ‚Guten' sind, und die anderen die ‚Bösen' [...]. Sicherheit findet sich zum dritten darin, daß das Recht, das Gute, (meist) gleich den in konkreten Gesellschaften geltenden Gesetzen ist, daß also das Telos des Staates (es ist natürlich ein ganz bestimmter, nämlich der bürgerliche Rechtsstaat) gut ist. [...] Eine letzte, aber nicht die geringste Sicherheit findet der Leser in der realistischen Erzählweise der Gattung [...]. Die Handlung, die Personen, die Schauplätze – das alles ist wieder erkennbar, ist mehr oder weniger vertraut.[83]

Die dialektische Verwobenheit spannender und entspannender Momente wendet sich keineswegs nur an die Emotionsfähigkeit der Rezipienten, funktioniert nicht nur als seelische An- und Abspannung, sondern der Rätselcharakter des Kriminalfalles appelliert auch an die Ratio des Lesers. Bertolt Brecht weist auf diesen Punkt hin:

> Dieses Beobachtungen-Anstellen, daraus Schlüsse-Ziehen und damit zu Entschlüssen-Kommen gewährt uns allerhand Befriedigung schon deshalb, weil der Alltag uns einen so effektiven Verlauf des Denkprozesses selten gestattet und sich für gewöhnlich viele Hindernisse zwischen Beobachtung und Schlußfolgerung sowie zwischen Schlußfolgerung und Entschluß einschalten. In den meisten Fällen sind wir gar nicht in der Lage, unsere Beobachtungen zu verwerten, es gewinnt keinen Einfluß auf den Verlauf unserer Beziehungen, ob wir

sie machen oder nicht. Wir sind weder Herr unserer Schlüsse noch Herr unserer Entschlüsse.[84]

Erika Dingeldey fügt hinzu:

> [...] da wir uns „in fast allen Existenzfragen mit Wahrscheinlichkeitsrechnungen" begnügen müssen, wird das intellektuelle Vergnügen an der Auflösung des Rätsels, am Spiel mit den Teilen, aus dem Wissen heraus, daß sie ein verstehbares Ganzes ergeben werden, zu mehr als einem intellektuellen Vergnügen: zum befreienden Moment einer Erkenntnis möglicher Wirklichkeiten.

Deshalb, so fordert sie, müsse der gute Kriminalroman Rätsel enthalten, unerwartete Wechsel des Handlungsverlaufs, Aufhebung gerade erlesener Sicherheiten und scheinbar durchschauter Verhältnisse, denn die Spannung zwischen Rätsel und Wissen, zwischen Schock und Sicherheit scheint überhaupt die Grundvoraussetzung für die Spannung des Kriminalromans zu sein.[85]

Voraussetzungen
Die Interpretation hat gezeigt, daß Fontanes Erzählung *Unterm Birnbaum* größere Ansprüche stellt, als das auf den ersten Blick erscheinen mag. Deshalb empfiehlt es sich, das Werk nur dann in einem 8. Schuljahr zu lesen, wenn die Schüler durch einen stringent aufgebauten Literaturunterricht gut gefördert sind und ihr Leseinteresse sich nicht mehr nur in der Rezeption des bloß Stofflichen erschöpft. Im 9. und 10. Schuljahr dagegen und erst recht im Grundkurs 11 dürfen schon eher die Voraussetzungen erwartet werden, die für ein vertieftes Verstehen notwendig sind. Denn Jugendliche dieses Alters begegnen sich und anderen nicht mehr naiv; sie entdecken den Charakter eines Menschen, gewinnen erste Einsichten in dessen Aufbau und Entwicklung, und sie beginnen sich zu fragen, ob ein Mensch noch vordergründig durch wenige Eigenschaften bestimmt werden kann oder ob man nicht wesentlich mehr von ihm wissen und dann schärfer unterscheiden müsse.[86] Dieses Interesse stützt sich vielleicht auf erste Erfahrungen, die dem Schüler gezeigt haben, daß etwa psychische Regungen nicht bloß auf eine bestimmte Veranlagung, sondern mehr noch auf Umwelteinflüsse zurückgehen, weil jeder Mensch im sozialen Gefüge einen Platz einnimmt (einen Status besitzt), von dem aus er so oder so agiert oder reagiert, vielfach so oder so zu agieren und zu reagieren gezwungen ist (also eine Rolle spielt), und aus diesen Gründen gar nicht isoliert betrachtet und beurteilt werden kann.

Besonders in Kooperation mit anderen Fächern (Sozialkunde, Geschichte) hätte der Unterricht die Chance, neben diesen individuellen Voraussetzungen noch andere mehr soziokultureller Art zu schaffen (etwa die Bereitschaft, einen längeren Text gemeinsam zu erlesen und zu diskutieren), indem er bewußt an die altersspezifischen Interessen, Erfahrungen und Einsichten anknüpft, sie differenziert und erweitert. In diesem Sinne ließe sich ein Vorhaben denken, das erste Einsichten in die Tatsache aufgreift, daß gesellschaftliche Zwänge, die auf der Rücksicht gegenüber „den Leuten" beruhen, den einzelnen in seiner Handlungsfreiheit einengen, ein Vorhaben, in das die konkreten Erfahrungen der Jugendlichen aus dem Umkreis von Klasse und Schule, Familie und Verwandtschaft, Haus und Straße, Dorf und Stadt einfließen müßten und das etwa bis zur Thematisierung und Problematisierung der Macht der öffentlichen Meinung vorgetrieben werden könnte. Unserer Lektüre käme das ebenso zustatten wie etwa die Behandlung des Phänomens Aberglaube, das ja keineswegs ein historisch überholtes Phänomen darstellt, sondern noch gegenwärtig ist in vielerlei, wenn auch oft rudimentärer Gestalt (Maskottchen in Autos, Glücksbringer am Handgelenk, Horoskop in Illustrierten etc., etc.), mit dessen Hilfe die Hilflosen angesichts einer undurchschaubar gewordenen Welt ihr bißchen Glück zwingen bzw. retten wollen. Hier könnte auch der Geschichtsunterricht klärend zum Zuge kommen, indem er historische Aspekte des Phänomens aufdeckt und damit mehr bereitstellt als bloß historische Fakten von 1812/13 bis 1830.

Die Vorklärung solcher Probleme könnte sich nicht nur lesemotivierend auswirken und das Verstehen als solches erleichtern, sondern ließe schließlich auch die Einsicht zu, daß Fontane zwar Zustände beschreibt, deren Implikationen teils überwunden sind, teils aber heute noch angetroffen werden, daß diese sich historisch gebende Erzählung einen Gegenwartsbezug aufweist, der auf der Hand liegt, und daß die Lektüre eines solchen Textes die Chance eröffnet, durch Erkennen des historisch Überholten und durch Wiedererkennen dessen, was bis in unsere Tage hereinragt, die eigene Gegenwart, den eigenen Standort, die eigene Situation nach positiven wie negativen Aspekten zu bestimmen und zu befragen. Eine Umkehrung des Verfahrens – erst Lektüre, dann Erörterung der genannten Phänomene – ist zwar durchaus möglich, liefe aber Gefahr, gänzlich vom Fontane-Text wegzuführen.

Im folgenden wird versucht, mögliche Formen der Selbsttätigkeit der Schüler ins Spiel zu bringen, besonders hinsichtlich der Hausaufgaben, um sie, die Schüler, zu einem selbständigen Handeln gegenüber einem fiktionalen Text zu befähigen. Von daher ist es zu verstehen, wenn der Umgang mit einem Text nach möglichen „Operationen" gegliedert und geordnet wird.

Sammeln von unverstandenen Ausdrücken, von besonderen Formulierungen, von Informationen über Zeit, Ort, Lokal, von Charaktereigenschaften einer Person, von sprachlichen Eigentümlichkeiten einer Person, etc. etc.

Ordnen des Personalbestandes der Erzählung nach Beruf (Stand), gesellschaftlichem Status, der Rolle in der Erzählung, der Beziehung zu den Hauptpersonen, etc. etc. Ordnen gesammelter sprachlicher Ausdrücke nach Hoch-, Umgangssprache, Dialekt, nach bildlichen Ausdrücken (was heißt es, wenn gesagt wird, Frau Hradscheck sei durch „allerlei schwere Schulen gegangen"?)

Erzählen von Erwartungen gegenüber dem noch unbekannten Text, von eigenen Leseeindrücken, etc. etc. Fragen mündlich formulieren, ebenso Erklärungen, Erläuterungen, Kapitelinhalte zusammenfassend mündlich wiedergeben, etc. etc.

Schreiben: Inhaltsangaben schriftlich fixieren; Personalliste anlegen, Charaktere einander gegenüberstellen, Stationen eines Handlungsablaufs erstellen, Gesprächsthemen schriftlich festhalten, etc. etc.

Segmentieren ausgewählter Kapitel, innere Gliederung erkennen, ebenso diejenige eines Gesprächs, diejenige der ganzen Erzählung, etc. etc.

Vergleichen historischer Fakten, Umstände, Situationen u. dgl. mit gegenwärtigen (z. B. das Phänomen des Aberglaubens), vergleichen mit anderen Erzählungen (Kriminalerzählungen), etc. etc.

Unterscheiden zwischen Bericht, Beschreibung, Schilderung, szenischem Erzählen, etc. etc. Unterscheiden zwischen psychologischen und sozialen Impulsen, die das Handeln einzelner Personen bestimmen, etc. etc.

Analysieren bestimmter Kapitel (besonders Kap. I bis III), der Fontaneschen Verweistechnik, des Hradscheckschen „Plans", der Mentalität der Tschechiner, etc. etc.

2
Didaktisch-methodische Literatur

Walburga Freund-Spork[87] vertraut darauf, daß die Schüler durch selbständige häusliche Lektüre zur notwendigen Textkenntnis gelangen. Dem liegt sicherlich der durchaus plausible Gedanke zugrunde, daß ein Ganzes auch als Ganzes gelesen werden sollte, was im Unterricht nicht möglich wäre. Immerhin empfiehlt die Verfasserin, den Schülern Leseaufträge mitzugeben, die erhöhte Leseaufmerksamkeit erzeugen sollen und als Vorbereitungen für die nachfolgende Behandlung im Unterricht angesehen werden könnten, wie beispielsweise

- eigene Erwartungen formulieren;
- knappe Inhaltszusammenfassungen der einzelnen Kapitel anfertigen;
- Hauptakteure der einzelnen Kapitel benennen;
- Personen der Erzählung in Ordnungssystem bringen (Hauptpersonen, Mitspieler, Dorfbewohner, Fremde/Verhältnis von Personen und Personengruppen zur Hauptperson).

Nach Freund-Spork sollte die Behandlung des Fontane-Textes im Unterricht vier Aspekte berücksichtigen:

● *den personalen Aspekt*

   a) Abel und Ursel Hradscheck – vergleichende Charakteristik;
   b) Abel und seine Gäste – reiche Bauern, Kunicke, preußische Offiziere;
   c) Abel und Szulski;
   d) Beurteiler Hradschecks – Eccelius und Jeschke;

● *den strukturellen Aspekt*

   a) Gliederung der Erzählung;
   b) ausgesparte Tat, Handlungsstränge vor und nach der Tat;
   c) Strukturskizze anfertigen;

● *den erzählerischen Aspekt*

   a) der Erzähler – gibt zeitlich-räumlichen Hintergrund, bringt eigene Erfahrungen ein, bestimmt Auswahl des Erzählten, kennt Gedanken der handelnden Personen;

   b) die Erzähltechnik – Schauplatz- und Perspektivenwechsel, Zeitraffung, szenisches Erzählen, Ausblende von Handlungen, Wachhalten des Leserinteresses, Spannung erzeugen, Leser zum objektiven Beurteiler machen;

● *den sprachlichen Aspekt*

   a) Stilebenen – Hochdeutsches, Umgangssprachliches, Dialekt;

   b) Verweise und Symbole – versteckte Hinweise auf nachfolgendes Geschehen, Verweise geben Richtung an, in der der Leser verstehen soll, Verweise haben Symbolwert, wenn sie über vordergründiges Geschehen hinaus auf andere Verstehensebene zielen.
   Auf methodischer Ebene sind Freund-Sporks Vorschläge, die vier Aspekte inhaltlich an ausgesuchten und als exemplarisch angesehenen Kapiteln oder kleineren textualen Zusammenhängen erarbei-

ten zu lassen, deshalb sehr empfehlenswert, weil sie einerseits verhindern, daß die Stoffülle über den Köpfen der Schüler zusammenschlägt, andererseits auf wünschenswerte Weise sicherstellen, daß die Aufmerksamkeit immer wieder auf den Text zurückverwiesen wird. Im übrigen liegt die Bedeutung dieser Aufgliederung in die vier genannten Gesichtspunkte in ihrem Charakter des Grundsätzlichen, des Prinzipiellen, und in dem Bemühen, nichts Wesentliches auszulassen. Die Reihenfolge der Aspekte sollte nicht als Reihenfolge unterrichtlicher Schritte mißverstanden werden, sonst erhöbe sich die Frage, ob hier die Aufmerksamkeit und die Geduld der Schüler nicht auf eine allzu harte Probe gestellt werden und analog zur Abfolge der vier Aspekte abnähmen.

c) Einsichten in die Täuschungsmanöver, die zu Hradschecks Rehabilitierung führen:
- vergräbt Speck im Garten, bekräftigt so sein Alibi für die Mordnacht;
- Fund des toten Franzosen entkräftet Aussage der Jeschke und zugleich jeglichen Mordverdacht;
- läßt Haus aufstocken, um Erinnerung an Mord zu tilgen, aber auch, um Wohlstand zu zeigen;
- unterläßt nichts, was sein Ansehen und Ruf als großzügiger, ehrenhafter und pietätvoller Mensch steigern kann (Grab für Franzosen, Grabkreuz für Ursel).

d) Zusammenfassung der Ereignisse bis zu Hradschecks Tode:
- reist nach Berlin, besucht Theater und führt geselliges Leben;
- will wieder heiraten;
- beschließt, Toten aus dem Keller auszugraben und in die Oder zu werfen, damit die Tat nicht doch noch aufgedeckt wird;
- versperrt sich Rückweg: zieht Haltebrett unter Ölfässern weg, um Kellerfenster zu vernageln;
- wird im Keller gefunden und auf dem Kirchhof abseits beerdigt.

In den restlichen fünf Sequenzen will Keseling den Novellenaufbau, Charakter und Motive der Hauptpersonen, Rangordnung und Beteiligung der Dorfgesellschaft am Geschehen, außerdem eine kritische Wertung der Novelle und Fontanes Realismus und schließlich die Gesellschaftskritik Fontanes behandelt wissen.[88]

In einem mit Vehemenz geschriebenen Aufsatz plädierte vor zehn Jahren Ulrich Horstmann[89] für einen „unprätentiösen Literaturunterricht", denn als bloße Propädeutik des späteren Literaturstudiums und als elementarisierende Vorwegnahme seiner Inhalte sei der schulische Literaturunterricht falsch definiert; er habe vielmehr für Literaturwissenschaft und -theorie potentiell Korrekturfunktion. Um diese wahrnehmen zu können, müsse er sich von einem „reproduktiven Befassen mit Texten weg und hin zu produktiven Umgangsformen bewegen".

> Mit Sicherheit kann er literaturwissenschaftliche Umgangsformen nicht mehr guten Gewissens kopieren. Wenn er sie andererseits auch nicht kurzschlüssig verbannen kann, so sollte doch der Akzent von der Reproduktion vorgefertigter interpretativer Schemata auf produktive Beschäftigungsweisen verlagert werden, die ihrerseits aus bisher als ‚infantil' und ‚vorreflexiv' abgewerteten Formen des Umgangs mit fiktionalem Material zu entwickeln wären. [...]: erstens behandeln Schüler literarische Texte eher wie Spielgegenstände und nicht wie ontologisch einzigartige ästhetische Konstrukte, und zweitens ist ihnen die aufschauende Haltung des Literaturwissenschaftlers, der sich bis vor kurzem noch sacerdotal als ‚Diener am Wort' verstand, gänzlich fremd.[90]

Horstmann verlangt, diese neugierig-unehrerbietige Schülerperspektive zu übernehmen, zumal sie den Umgangsformen der Literaten unter sich erstaunlich nahe verwandt sei, wie die unzähligen respektlosen Adaptionen, Reprisen, Plagiate, Persiflagen und Zitationen von Shakespeare bis Joyce bewiesen. Texte sollten nicht mehr adorierend ‚gedeutet', mit ihnen sollte hantiert werden. Er könne nicht einsehen, warum beispielsweise Collage- und andere kombinatorische Techniken allein den Künstlern vorbehalten bleiben sollten, er möchte solche Fertigkeiten des bastelnden Koordinierens auch bei Schülern entwickeln. Die korrektive Bedeutung eines solchen produktiven Literaturunterrichts liege im „Einüben respektlosen Interesses an Literatur":

> Genialität ist exklusiv und die literaturdidaktische Konzeption, die sie propagiert, darf sich über den hohen Prozentsatz der als ‚amusisch' eingestuften Parias in ihren Klassen nicht wundern. Ein unprätentiöseres und realistisches Bild vom Kunstproduzenten und seiner Leistung und ein entsprechend weniger belastetes und um kulturheroische oder ‚klassische' Sperrbezirke unbekümmertes Verhalten zum Text dürfte solche Begabungsunterschiede als das erkennbar machen, was sie sind, nämlich erbrachte oder verweigerte Konformisierungsleistungen.[91]

An diese Konzeption erinnern unwillkürlich die didaktischen Überlegungen und Zielsetzungen Hartmut Löffels[92], die freilich im großen und ganzen alles andere als ‚unprätentiös' sind. Er betrachtet Fontanes Erzählung mehr oder weniger als ‚fiktionales Material', das sich zu einem Hörspiel (Fontanes Dialogführung dränge dazu) oder zu einem Drehbuch (die bedeutsame Ausleuchtung der Szenen und die stark visuelle Tendenz des Erzählgestus lege die Bevorzugung eines Drehbuchs nahe) verarbeiten läßt. Die „Webfehler" im Kausalnexus, die Unterlassungen der

Untersuchungsbehörden – Haus bleibt undurchsucht, Frau Hradscheck wird gar nicht, die Jeschke zu spät vernommen etc. – und die Mißverhältnisse der Proportion – das Ende erfolge zu abrupt und unorganisch –, also die nach Löffels Ansicht gerade negativen Punkte, könnten den Ausgang für produktive Umsetzungen bilden. Besonders der in Löffels Augen unbefriedigende Schluß der Erzählung fordere dazu auf, in Gruppenarbeit von Fünfzehnjährigen alternative Lösungen erfinden zu lassen. Gewiß eine reizvolle Aufgabe! Er gibt freilich zu, daß

> die Bündigkeit des Rohdrehbuchs nur vor dem Hintergrund ausgreifender Erörterungen (gelinge), die einerseits das gesellschaftliche Umfeld der Hradschecks, das soziale Gefüge in Tschechin und die veräußerlichten Beziehungen der Menschen beleuchten, andererseits aber auch Veranlagung, Anspruch und Selbstverständnis der Täter. Indessen kommt das soziale und psychologische Verhältnis erst in der Einzelszene zum Zug, wenn es darum geht, diese Beziehungen zu visualisieren und die symbolische Ebene zu entfalten [...].[93]

In den letzten Abschnitten seines Aufsatzes zeigt Löffel am Beispiel des „Totenkranzgesprächs" im ersten Kapitel, wie das bewerkstelligt werden könnte, und diese sehr lesenswerten Ausführungen beinhalten eine instruktive und differenzierte Interpretation dieser „Szene"; sie ist so bündig, daß die Frage auftaucht: Warum müssen eigentlich die Schüler die ganze Fontane-Erzählung in ein Drehbuch umformen? Genügt nicht eine als exemplarisch angesehene Szene?

Ilse Keseling versucht, abweichend von Freund-Spork, den Prozeß des Textlesens in ihren geplanten Unterrichtssequenzen zu integrieren: das erste Kapitel wird gemeinsam im Unterricht gelesen mit dem Ziel, den Expositionscharakter des Kapitels, die Hauptpersonen, das Milieu, den Schauplatz, die Zeit, den Konflikt zu erkennen und zu benennen, sowie allererste Einsichten in erzähltechnische Verfahren zu gewinnen. Das Weiterlesen soll dann in drei Schüben erfolgen, die durch die innere Gliederung der Erzählung gegeben sind: so die Kapitel 2 und 3, dann die Kapitel 4 bis 7 und schließlich die Kapitel 8 bis 20. Dieses Weiterlesen wird als Hausaufgabe gestellt, wobei jeder Leseschub an die Ziele der jeweiligen Unterrichtssequenz rückgekoppelt bleibt.

Die ersten vier Sequenzen machen sich, das vorherrschende Schülerinteresse am Faktischen und Stofflichen nützend, am Handlungsablauf fest, ohne über der Frage „Was wird erzählt?" diejenige nach dem „Wie wird erzählt?" zu vergessen, was bedeuten soll, daß die vier Aspekte von Freund-Spork in jeder Sequenz berücksichtigt werden. Keseling steuert resolut das erste Hauptziel an: Verstehensschwierigkeiten bezüglich des Hradscheckschen „Plans" aufzulösen, um die Sicht auf darüber hinausgehende Probleme freizubekommen. Sie listet die zu gewinnenden Einsichten lückenlos auf:

a) Einsichten in den „Plan", mit dem Hradscheck den Bankrott abwenden will:
   - Fund des toten Franzosen verheimlichen;
   - Erbschaft vortäuschen;
   - vor Zeugen Schulden an Szulski begleichen;
   - Szulski als Vertreter des Hauptgläubigen ermorden und im Keller vergraben;
   - nachts unterm Birnbaum graben, um Ermittler auf falsche Fährte zu lenken;
   - Unfall Szulskis auf dem Oderdamm vortäuschen;
   - Frau in Szulskis Pelz vor Zeugen in Kutsche steigen lassen;
   - Trinkgeld wird an Hausknecht gegeben.
b) Einsichten in die belastenden Indizien, die zur Verhaftung Hradschecks führen:
   - Aussagen der Hausangestellten;
   - Aussagen des Nachtwächters Mewissen, er habe Frau Hradscheck frühmorgens an der Mühle gesehen;
   - Beobachtung Jeschkes, wie Hradscheck in der fraglichen Nacht etwas vergrub.

3
Unterrichtsreihen

Selbstverständlich könnte Fontanes *Unterm Birnbaum* in verschiedenen möglichen Unterrichtsreihen stehen. Aber den Bannkreis eines in sich geschlossenen Textes zu überschreiten, dieses „Ganze" zu anderen in Beziehung zu setzen, sich der Gemeinsamkeiten und Unterschiede zu vergewissern, um sich endlich doch von der Singularität jedes einzelnen Textes zu überzeugen, erfordert Kraft, Ausdauer und beträchtlichen pädagogischen Aufwand. Ein solches anspruchsvolles Vorhaben wird man kaum in der Sekundarstufe I angehen wollen, allenfalls in der Sekundarstufe II und dort vielleicht auch nur in einem Leistungskurs. Um keine pädagogischen Möglichkeiten auszulassen, seien hier trotz dieser einschränkenden Hinweise und trotz des Umstands, daß in diesem Büchlein sonst kaum an Leistungskurse gedacht wird, folgende Reihen angeführt.

Am sinnvollsten wäre es, andere Fontane-Werke anschließend zu behandeln und dabei weniger den kriminellen Aspekt, sondern mehr den gesellschaftskritischen zu akzentuieren.[94] So kämen neben die gescheiterten Versuche zur Statusverbesserung des Gastwirts Hradscheck etwa die gelungenen Versuche der Frau Jenny Treibel zu stehen, und der Schüler könnte vergleichend feststellen, wie Fontane das eine wie das andere kritisiert. Dabei könnte gezeigt werden, daß das, was in *Unterm Birnbaum* noch als unausweichliches Faktum über den Köpfen der

Hradschecks schwebt, in den späteren Gesellschaftsromanen Fontanes die Gestalt gesellschaftlicher Ordnung annimmt:
> Erst die geschlossene Gesellschaft, die sich die ‚gute' nennt, kann glaubwürdig als umfassende, das soziale und standesgebundene Ich beherrschende Ordnung auftreten und zugleich als Abbild der Wirklichkeit erscheinen. Schicksal wirkt nun in, nicht mehr über der Realität; es hat sich gleichsam inkarniert.⁹⁵

Eine andere Möglichkeit bietet eine historisch ausgerichtete Reihe mit bestimmten Erzählungen vergangener Zeiten, etwa Schillers *Verbrecher aus verlorener Ehre,* Kleists *Michael Kohlhaas,* Hoffmanns *Das Fräulein von Scuderi,* Droste-Hülshoffs *Die Judenbuche.* Jede dieser Erzählungen erscheint wie ein Exemplum, an dem sich jeweils die Beziehungen zwischen dem gesellschaftlichen Zustand und den Motiven, die einen Menschen zum Verbrechen treiben, für die verschiedenen Zeiten studieren läßt. Die Lektüre meisterhafter Gestaltungen könnte über literarhistorische Aspekte hinaus zur Bewußtseinserhellung beitragen und mithelfen, die Frage nach den Gegebenheiten des gegenwärtigen Zustandes kritisch zu beantworten.

Nur widerstrebend sei schließlich noch die Möglichkeit eingeräumt, in einer Unterrichtsreihe mit dem Ziel, Theorie und Geschichte der Gattung Kriminalroman zu erarbeiten, auch Fontanes *Unterm Birnbaum* heranzuziehen, weil m. E. Fontanes Werk nicht rein im Begriff des Kriminalromans aufgeht und deshalb als stark abweichendes Beispiel fungieren müßte. Immerhin kann ein Vergleich mit der klassischen Detektivgeschichte (C. Doyle), mit dem amerikanischen (R. Chandler), dem englischen (A. Christie) und dem neueren deutschen Kriminalroman (-ky) zu bestimmten Einsichten führen. Nichts gegen einen an Hemingways Stil geschulten Chandler im Deutschunterricht! Wer aber Fontanes Erzählung nicht gern in der Nachbarschaft einer internationalen Literatur sehen möchte, deren Qualität nicht so ohne weiteres auszumachen ist, der könnte immerhin zu literarisch wohlrenommierten Namen greifen: Poe, Chesterton, Dürrenmatt *(Der Richter und sein Henker)* und – wegen ihrer atmosphärisch-dichten Milieudarstellungen und Großstadtschilderungen (Turin) – Fruttero & Lucentini *(Die Sonntagsfrau).*⁹⁶

Und wer nach durchaus heißem Bemühen um Fontanes und anderer Leute Kriminalgeschichten mit den darin enthaltenen Tragödien nach deren Satyrspiel verlangt, der lese die von A. C. Artmann herausgegebenen Parodien, „in denen durch Verdrehungen oder übertreibende Nachahmung Klischees und Regelhaftigkeit des Genres durchsichtig gemacht und (liebevoll) verspottet werden."⁹⁷ Den gleichen Dienst können die im Deutschen Taschenbuch Verlag erschienenen Parodien des Italieners Carlo Manzoni mit solch vielversprechenden Titeln wie *Ein Schlag auf den Schädel und du bist eine Schönheit* oder *Der tiefgekühlte Mittelstürmer* oder *Blut ist kein Nagellack* versehen.

4
Unterrichtssequenz

Zur Planung

Ilse Keselings Leseplan (s. o.) wird mit einer Modifikation übernommen: nicht nur Kapitel I, sondern die Kapitel I bis III werden gemeinsam in der Schule, der Rest wird zu Hause gelesen. Das gemeinsame Einlesen endet auf diese Weise mit einer Reizsituation (S. 20), mit dem aus der Ferne dargestellten Gespräch zwischen den Eheleuten Hradscheck nämlich, von dem der Leser nur das vielsagende und auch wieder nichtssagende „Es geht nicht [...]" erfährt. Dieser Dreh- und Angelpunkt weckt Interesse und Erwartungen, hier wird der Rätselcharakter der Erzählung deutlich, ebenso die Strategie des Verschweigens, die der Erzähler verfolgt, indem er einfach seinen Standort wechselt. Nichts könnte das Weiterlesen besser motivieren. Außerdem böte das Innehalten an dieser Stelle Gelegenheit, den etwaigen weiteren Verlauf der Erzählhandlung gedanklich zu antizipieren, wobei die Schüler zu der Einsicht geführt werden müßten, daß die in den drei ersten Kapiteln gesetzten Prämissen alles weitere bestimmen werden, soll das Erzählte in sich folgerichtig sein. Dieses Zurückbinden der Reizsituation an das inhaltlich bereits Vorgegebene verhindert, daß das antizipierende Entwerfen eines folgerichtigen Fortganges zu einem unverbindlichen Tummeln auf dem unabsehbaren Felde bloßer Vermutungen ausufert.

Schüler im Alter von 14 bis 16 Jahren werden sich zunächst für die inhaltlich-stofflichen Aspekte eines erstmals zu lesenden Textes interessieren. Für sie steht das „Was" vor dem „Wie" und dem „Auf welche Art und Weise". Das heißt in unserem Falle, daß Hradschecks Plan und dessen Ausführung in erster Linie das Interesse der Schüler erregen werden, und diese Lust an Faktischem kann deswegen unbedenklich befriedigt werden, weil hier besonders rationales Denken zur Rätsellösung erforderlich ist, das sonst bei der gewöhnlich gefühlsbetonten Rezeption von landläufiger Kriminalliteratur auf der Strecke bleibt. Überhaupt sollte – um eine Unterscheidung Walter Benjamins aufzugreifen – zuerst auf alle diejenigen Momente des Textes eingegangen werden, die den Sachgehalt ausmachen, der des Kommentars bedarf; hat die Einsicht in den Sachzusammenhang erst einmal diesen transparent gemacht, dann darf nach dem gefragt werden, was darin aufblitzt, weil es in ihn eingelassen, eingesenkt ist: nach dem Wahrheitsgehalt, der Gegenstand der Kritik ist.[98] Besonders für einen Grundkurs 11 wäre die sachgerichtete und sachgerechte Operation des Kommentierens wichtig, weil alle anderen Einsichten davon abhängen. In den schematisch dargestellten Unterrichtssequenzen sind die wünschenswerten Phasen des Kommentierens' und Kritisierens nicht angegeben; sie sollten hineingedacht werden, wobei zu beachten wäre, daß in jeder einzelnen Unterrichtssequenz jene beiden Phasen aufeinanderfolgen können, daß aber naturgemäß das Kommentieren zunächst überwiegt, die Kritik gegen die Schlußsequenz hin immer mehr zu ihrem Recht kommt.

Teilsequenzen

Sie beziehen sich auf eine Behandlung des Fontane-Textes in den Klassen 9 und 10 der Sekundarstufe I.

Hinzugefügt und gesondert ausgewiesen werden Vorschläge für eine vertiefte Behandlung des Textes in der Klasse 11 der Sekundarstufe II.

Bei realistischer Einschätzung pädagogischer Möglichkeiten und schulischer Gegebenheiten wird man die Behandlung von *Unterm Birnbaum* für einen Grundkurs befürworten, für einen Leistungskurs aber eher ein gewichtigeres Werk Fontanes – etwa *Frau Jenny Treibel* – vorziehen. Deshalb wird nachstehend lediglich der Grundkurs, nicht der Leistungskurs berücksichtigt.

Verwendete Abkürzungen:

TA   = Tafelanschrift
GA   = Gruppenarbeit
GK   = Grundkurs
HA   = Hausaufgabe
KRef = Kurzreferat

LK = Leistungskurs
LV = Lehrervortrag
Ref = Referat
SV = Schülervortrag
UG = Unterrichtsgespräch

Voraus-Sequenz ad libitum (1 Doppelstunde)

Möglicher Anknüpfungspunkt: der Fernseh-Krimi vom gestrigen Abend.

Gegenstand	Modellhafte Auflistung inhaltlicher und formaler Elemente, aus denen ein „Krimi" besteht.
Didaktische Aspekte	Bewußtmachen des Konstruktionsschemas einer literarischen Gattung als Vorbereitung einer zielgerichteten Lektüre von Fontanes *Unterm Birnbaum*.
Unterrichtsschritte	Unterrichtsgespräch Lehrer-Schüler, das möglichst folgende Punkte aufgreift: *1. Unabdingbare Bestandteile (= Erkennungsmerkmale) der Gattung:* 　1.1 Personale Elemente: 　　Mordopfer, zunächst unbekannter Täter, der Kreis der Verdächtigen, Detektiv oder Kommissar;

1.2 Handlungselemente:
Entdeckung der Tat, Rätselcharakter des Falles, fehlschlagende Aufklärungsversuche, weiterführende Aufklärungsversuche, Aufklärung des Falles durch Identifizierung des Täters, Verhaftung des Täters.

2. *Tatmotive:*
2.1 Besitzgier, Machtgier, Gewinnsucht, Konkurrenzneid, Angst vor Statusverlust u. dgl. m.;
2.2 Leidenschaft (Liebe, Haß, Eifersucht) etc.;
2.3 Rache an Umwelt, deren deformierende Einflüsse den Verbrecher erst zu einem solchen gemacht haben.

3. *Der Kreis der Verdächtigen:*
3.1 Freunde, Bekannte, Gegner des Opfers;
3.2 Freunde, Bekannte, Gegner des Täters, der Täter;
3.3 Darstellung der Personen und ihrer Beziehungen untereinander: Psychologisierungen und Individualisierungen / Klischeehaftes / Äußeres Erscheinungsbild des Täters und des Detektivs (Kommissars) / „Der Unsympathische mit dem langen Vorstrafenregister war es nicht, aber der Harmlose, dem man es nicht zugetraut hätte, war es!"

4. *Die Repräsentanten des Rechts:*
4.1 Der Detektiv – ein Freiberufler und Einzelgänger; seine Motive und Mittel, sein Verhältnis zum Polizeiapparat;
4.2 Der Kommissar – ein Beamter, sein Status in der Hierarchie des Polizeiapparates, sein Verhältnis zu Vorgesetzten, Kollegen, Untergebenen; Einzelarbeit und Teamwork; seine Motive und Mittel;
4.3 Darstellungsweisen: Vorgesetzte als beschränkte Besserwisser, der Kommissar als bescheidener Untergebener behält am Ende doch recht.

Zusätzlich für 11. Kl. Sek. II
Zu Punkt 2 (Tatmotive):
Gründe und Ursachen der Tatmotive:
zu 2.1 Konsum-, Konkurrenz- und Statusdenken in der hochindustrialisierten Konsum- und Wohlstandsgesellschaft;
zu 2.2 vordergründig persönliche Motive entpuppen sich hintergründig als Erscheinungen von entfremdeten und verdinglichten Beziehungen zwischen Menschen in der gegenwärtigen Gesellschaft;
zu 2.3 verfehlte Sozialisation, deformierende Einflüsse gesellschaftlicher Verhältnisse, „Pathologie" der gegenwärtigen Gesellschaft im Sinne Erich Fromms.[99])

	Zu den Punkten 3. und 4.: Vertiefte Betrachtung der dargestellten gesellschaftlichen Hintergründe: des Milieus, der Gesellschaftsschichten, der Gruppen und Berufe; besondere Beachtung und Beurteilung realistischer oder klischeehafter Darstellungsweisen. Besondere Problemstellungen: Warum steht im „Krimi" der Mord im Zentrum? Warum nicht andere Straftatbestände? Möglichkeiten des Fernseh-Krimis und Möglichkeiten des (literarischen) Kriminalromans.
Methodische Hilfen/ Impulse	Da in dieser Doppelstunde eindeutig „mündliche Kommunikation" das Unterrichtsgeschehen bestimmt, könnten Leitfragen, wie sie bereits von Erika Dingeldey formuliert worden sind, behutsam das Lehrer-Schüler-Gespräch strukturieren, es müßten aber auch alle Gelegenheiten wahrgenommen werden a) zu mündlichen Teilzusammenfassungen; b) zu schriftlicher Fixierung des mündlich beigebrachten Materials; c) zu schriftlichem Ordnen des gewonnenen Materials in Form des Tafelanschriebs oder der Eigennotizen der Schüler. Leitfragen (in Anlehnung an Dingeldey[100]): 1. Was wird als Verbrechen beschrieben? 2. Wer begeht Verbrechen? Welche Gründe führen zum Mord? Welche Ursachen werden angegeben? 3. Wie wird der personale Gegensatz Kommissar (Detektiv) – Verbrecher dargestellt? Welcher Mittel bedient sich der Kommissar (Detektiv)? 4. Wie werden private und öffentliche Beziehungen zwischen Menschen dargestellt? 5. Welcher Art sind die Idealbilder des Kommissars (Detektivs)? *Zusätzlich für 11. Kl. Sek. II* 1. Warum wählt der „Krimi" aus allen möglichen Straftatbeständen gerade den Mord aus? 2. Welches Milieu wird bevorzugt geschildert? Welche Gesellschaftsschichten werden dargestellt? Wie werden sie dargestellt? 3. Welcher Mittel bedient sich der Kommissar oder der Detektiv, und auf welche Zusammenhänge verweisen sie? 4. Werden Wertvorstellungen des dargestellten gesellschaftlichen Systems bestätigt oder werden sie in Frage gestellt? 5. Werden Rollenstereotype dargestellt oder durchbrochen? (Rollen der Polizei, des Detektivs, des Kommissars, der Frau etc. etc.).

1. Teilsequenz (1 Doppelstunde)

Gegenstand	Kapitel I bis III der Fontane-Erzählung
Didaktische Aspekte	Einführen in Fontanesches Erzählen. Gewinnen erster Einsichten in literarisch vermittelte Fakten. Motivieren des selbständigen Weiterlesens.
Unterrichtsschritte	1. LV: Vorlesen des 1. Kapitels (maximal 15 Min.); Schüler lesen still mit. 2. UG: Spontanäußerungen der Schüler: Eindrücke, Erwartungen, Einschätzungen des Titels; erstes Erfassen erzählter Fakten (Ort, Zeit, Personen, Probleme); Beschreibung der Innenräume (S. 6); Analyse des Gesprächs Abel–Ursel (S. 7–9). 3. LV: Vorlesen der Kapitel II und III (ca. 25 Min.); Schüler lesen still mit; (keine Aussprache!); 4. Einteilen kleiner Arbeitsgruppen (Partnerschaftsgruppen) für Sonderaufgaben (s. u.); 5. Erläuterung der Hausaufgaben für alle.
Methodische Hilfen/ Impulse	In dieser entscheidenden Phase der Erstbegegnung mit dem Fontane-Text sollte der Lehrer – verhindern, daß an Nebensächlichem oder Unwesentlichem hängengeblieben wird, – in späteren Phasen zugunsten der Selbsttätigkeit der Schüler zurücktreten. Deshalb räumt er erste Verstehensschwierigkeiten aus – durch eigene kurze Erläuterungen (etwa bezüglich des Dialekts der Jeschke); – durch Sach- oder Worterklärungen (z. B. „das Oderbruch", „Raps", „Materialwarengeschäft" u. dgl. m.) – durch Hinweis auf den Kontext, aus dem sich Sinn und Bedeutung eines Wortes oder einer Redewendung erschließen lassen (z. B. „Und weißt auch, Kätzchen hält auf Komplimente.") – durch Hinweis darauf, daß sich manches an späteren Textstellen klären wird (Stärkung der Erwartungshaltung! Motivieren des Weiterlesens!). Er strukturiert das UG durch Leitfragen: – durch die Frage nach den auftretenden Personen, ihrem Verhältnis zueinander, ihrer augenblicklichen Verfassung; – durch Fragen nach Personen, die nur genannt werden, und ihrem Verhältnis zu den auftretenden Personen; – durch Fragen, was wir aus dem Gespräch der Eheleute Hradscheck erfahren.

	Er hilft den Schülern, gewonnene richtige Einsichten zu „Stichwörtern" zu komprimieren, die schriftlich an der Tafel festgehalten werden können.
	Er regt anhand richtig formulierter Schülereinsichten an, ein bestimmt thematisiertes Kurzreferat zu übernehmen (im Konversationslexikon oder in einem Geschichtsbuch nachzuschlagen und später darüber zu referieren (oder informieren)).
	Er verdeutlicht durch Tafelanschrieb,
	– entweder einfach durch das Festhalten erster richtiger Schülereinsichten,
	– sinnvoller jedoch durch „Gegenüberstellungen", z.B. „Abel – Ursel", „Abel – Jeschke", „Draußen (Abel) – Drinnen (Ursel)", „Dörflicher Friede – persönliche (private) Sorgen", „Dialekt – Hoch-/bzw. Umgangssprache" u. dgl. m.
Hausaufgaben/Referate	Für alle:
	a) Kapitel I bis III wiederlesen, sich auf Aussprache darüber vorbereiten;
	b) von Kapitel IV bis VII weiterlesen (bis zur nächsten Doppelstunde),
	c) von Kapitel VIII bis zum Ende weiterlesen (bis zur übernächsten Doppelstunde).
	d) Schriftlich: Kurznotizen über jeweiligen Kapitelinhalt anfertigen, wichtige Textstellen herausschreiben, Unverstandenes notieren.
	Für Arbeitsgruppen: Kurzinformationen und Kurzreferate zu:
	a) Schauplatz (Oderbruch, Tschechin (Letschin), Küstrin, Frankfurt/Oder) aufzeigen anhand einer Wandkarte, eines Atlanten, einer Tafelskizze;
	b) Hradschecks Anwesen anhand der Fontaneschen Beschreibung rekonstruieren (Tafelskizze: Haus, Garten, Birnbaum, Nachbarhaus der Jeschke, Kegelbahn, Innenräume etc.);
	c) Rekonstruktion des Zeitablaufs in der Erzählung; was wird in der Erzählgegenwart gesprächsweise aus der Vergangenheit heraufgeholt?
	d) Der Polen-Aufstand, von dem erzählt wird (Nachschlagen in Lexikon, Geschichtsbuch u. ä.);
	e) Mutter Jeschke: erste Einschätzung und vorläufige Charakterisierung; ihr Status als „Nachbarin";
	f) Auflistung der Dorfbewohner: erste Charakterisierungen und Einordnungen ins dörfliche Sozialgefüge.

	Zusätzlich für 11. Kl. Sek. II Für alle: Inhaltsangabe der Kapitel (schriftl.). Referate für Arbeitsgruppen: 1. Abel Hradscheck, der zahlengläubige Rechner, Kalkulierer und Spekulierer; 2. Der Aberglaube der Jeschke; 3. Was meint Ursel, wenn sie sagt: „Ihr habt ja gar keine Religion"? (S. 15, unten).

2. Teilsequenz *(1 Doppelstunde)*

Gegenstand	Die Kapitel II und III, die Kapitel IV bis VII der Erzählung
Didaktische Aspekte	Erkennen, Benennen und erstes Beurteilen der Haupt- und Nebenpersonen und der Darstellung des sozialen Gefüges in einem Dorf.
Unterrichts-schritte	1. KRef.: Die Gruppen a, b, c referieren; 2. UG: Analyse der Kapitel II und III; besonders eingehende Analyse des Gesprächs Abel–Ursel (S. 14–20); 3. KRef.: Die Gruppen d, e, f referieren; 4. LV: Der Lehrer umreißt kurz den Zusammenhang des Polen-Aufstands mit den Revolutionen von 1789, 1830 und 1848; er geht dabei auf das Interesse des neunzehnjährigen Fontane am Polen-Aufstand ein; 5. UG: Analyse der Kapitel IV bis VII: Kegelbahn-Szene (S. 21–26); Dorfklatsch (S. 21–26); Der Abend mit Szulski (Kap. V); Die Nacht- und Morgen-Szene (Kap. VI und VII).
Methodische Hilfen / Impulse	Bei den KRef. der Gruppen sollte sich der Lehrer darauf beschränken, bei Bedarf die Schüleraussagen zu ergänzen oder zu präzisieren.
	Zu Punkt 2: UG üb. Kap. II u. III (Schwerpunkt: Personen). Anknüpfen an erste Teilsequenz: – Heranziehen der „Gegenüberstellungen" (Tafelanschrieb) oder – Tafelanschrieb einer Textstelle aus dem 1. Kapitel, etwa (S. 8): „Aber man sah auch, daß sie […] durch allerlei schwere Schulen gegangen war." Von daher Aufrollen der Vergangenheit Ursels, Abels, des Ehepaares.

	Strukturieren des UGs durch Denkimpulse, Leitfragen oder Texthinweise, die sich beziehen auf – Ursels gedankliches Festhalten an Vergangenem, – Ursels Religiosität, – Ursels Verhältnis zu Pfarrer Eccelius, – Abels Aber- und Unglaube, – Abels (gegenwärtige) Sorgen, die er mit (künftigem) Spielerglück zu beheben hofft, – den Unterschied zu Jeschkes Aberglauben, – die Beschreibung der Wohnung und Kleidung und darauf, was diese Beschreibungen für die Darstellung der Spannungen zwischen den Eheleuten Hradscheck leisten. Zu Punkt 5: UG über Kap. IV bis VII (Schwerpunkt: Das Sozialgefüge im Dorf). Beschränkung auf das Sammeln und Ordnen erzählter Fakten anhand einfacher Fragen: – Wer tritt in den Kapiteln auf? – Wer gehört zu wem? – Gibt es in der Dorfgesellschaft ein „Oben" und ein „Unten"? Woran kann man das erkennen? – Wie stehen Nachbarn und Kunden zu den Hradschecks? – Wo stehen die Hradschecks? Wo möchten sie stehen? Simultan zum Fortgang des UGs Tafelanschrieb: Skizze der Beziehungen der Dorfbewohner untereinander (Diagramm).
Hausaufgaben / Referate	Für alle: Zur Bewahrung eines klaren Überblicks über den Erzählstrang und der ihm innewohnenden „Chronologie": a) schriftliche Auflistung der Ereignisse, Begebenheiten, Vorfälle, Zustände (Kap. I bis XX) in Stichworten; b) schriftliche Auflistung der Zeitsprünge in oder zwischen den Kapiteln. Lesen der Kapitel VIII bis XX; sich vorbereiten auf die Aussprache darüber unter der Leitfrage: Wie sieht der „Plan" Hradschecks in allen seinen Einzelheiten aus? Für Arbeitsgruppen: Referate, die z.T. in der letzten Doppelstunde (4. Teilsequenz) im Sinne einer bündigen Zusammenfassung der Ergebnisse gehalten werden sollen: a) Abel Hradscheck: Herkunft, Charakter, Motive; b) Ursel Hradscheck: Charakteristik; ihre Person im Lichte der Dorfmeinung, in der Perspektive des Pfarrers Eccelius; c) Jeschke: „Mutter" und „Hexe";

> d) Die Rolle des Dorfklatsches;
> e) Die Rolle des Aberglaubens und Glaubens;
> f) Die Rolle der Justizbehörden, der „Obrigkeit"; Vowinkels, Woytaschs, Geelhaars.
>
> *Zusätzlich f. 11. Kl. Sek. II*
> Für alle:
> Lesen der Kap. VIII bis XX unter der Leitfrage: Wie sieht Hradschecks „Plan" in allen seinen Einzelheiten aus, und warum kann man ihn erst vom Ende der Erzählung her erkennen?
> Für Arbeitsgruppen:
> a) Die Rolle des Erzählers und sein erzähltechnisches Verfahren.
> b) Rolle und Aufgabe des Dialekts, der Umgangssprache, der Hoch- und Amtssprache in der Erzählung.

3. Teilsequenz *(1 Doppelstunde)*

Gegenstand	Die Kapitel VIII bis XX der Erzählung
Didaktische Aspekte	Erkennen größerer Zusammenhänge: Rekonstruktion des Hradscheckschen Plans. Erkennen einiger erzähltechnischer Verfahren (11. Kl. Sek. II: Die Rolle des Erzählers).
Unterrichtsschritte	1. UG: Wie sieht der Plan Hradschecks in allen seinen Einzelheiten aus? 2. Ref.: Abel Hradscheck 3. Ref.: Ursel Hradscheck 4. Ref.: Jeschke 5. UG: Die Verfahrensweisen des Erzählers, an ausgewählten Textstellen erläutert
Methodische Hilfen/ Impulse	Zur Initiierung des UGs (Punkt 1): Ausgehen von der Textstelle: „Nein, nein, Hradscheck, wie ich dir schon neulich sagte, nur nicht arm. […]" (S. 20). Vorlesen bis zum Kapitelende. Zur Strukturierung des folgenden UGs können nachstehende Fragen dienen: Was mag Abel gesagt haben, um Ursels Widerstand zu besiegen? Was hatte Abel vor, um seinen Konkurs abzuwenden? Was geschah in der Mordnacht? Was führte zu Abels Verhaftung?

Wie gelingt es ihm, die Justizbehörden zu täuschen und seine Umwelt für sich einzunehmen?
Warum stirbt Ursel?
Wie lebt Abel nach Ursels Tod?
Wie kommt Abel zu Tode?

Ziel des 2. UGs (Punkt 5) sollte sein, einige wenige, relativ einfache erzähltechnische Begriffe wie „Standort- und Perspektivenwechsel des Erzählers", „Zeitsprung" und „Zeitraffung", „allwissender" oder „unwissender Erzähler" einzuführen.

Zu Perspektivenwechsel:
S. 37: Der Anfang des VI. Kapitels = neutrale Erzählerperspektive (Bericht vom Ende des Abends mit Szulski);
S. 37: „Auch die Bauern gingen. […]" = Erzählerperspektive, aber mit Szenenwechsel vom Haus Hradschecks zum Haus der Jeschke;
S. 38: „Dat's joa groad', als ob de Bös kümmt" = Sicht Jeschkes; (Eintritt in Jeschkes Haus; Jeschkes Sicht bleibt bis zum Kapitelende);
S. 40: „Um vier Uhr stieg der Knecht […]" = Sicht Jakobs (und Males)

Zu Zeitraffung, Zeitsprung:
Auf die Hausaufgabe zurückgreifen.

Zur Rolle des allwissenden oder unwissenden Erzählers:
Rückgriff auf die oben angeführte Textstelle (S. 20), um zu zeigen, wie ein wissender Erzähler das Gespräch zwischen den Eheleuten Wort für Wort wiedergibt, aber im entscheidenden Moment plötzlich zurücktritt und so tut, als sei ihm das Gesprächsende entgangen, als wisse er nichts davon.

Zusätzlich für 11. Kl. Sek. II
Anstelle des UGs (Punkt 5) können beide Arbeitsgruppen referieren:
a) Die Rolle des Erzählers
b) Rolle u. Aufgabe des Dialekts

Außer den oben genannten erzähltechnischen Begriffen sollte noch der des „inneren Monologs" aufgegriffen werden, der in der Fontane-Erzählung rudimentär vorhanden ist (z. B. S. 13: „Soll ich es zur Anzeige bringen?"), freilich nicht die Gesamtstruktur bestimmt. Vielleicht den „inneren Monolog" abheben von der „erlebten Rede", S. 12: „Und solche Furcht beschlich ihn auch heute wieder, […]".
Äußere Kennzeichen:
Ich-Form und Präsens = innerer Monolog;
Er-Form und Imperfekt = erlebte Rede.

103

Hausaufgaben / Referate	Für alle: Sich auf abschließende Zusammenfassung vorbereiten. Eigene Stellungnahme zum Erarbeiteten überdenken. Sich in einem Lexikon oder in einer Literaturgeschichte über den Autor informieren. Für Arbeitsgruppen: Die Referate (2. Teilsequenz d, e und f) vorbereiten.

4. Teilsequenz *(1 Doppelstunde)*

Gegenstand	Zusammenfassende Betrachtung der Erzählung
Didaktische Aspekte	Verstehen und Beurteilen literarisch vermittelter Zusammenhänge, Fakten und Figuren.
Unterrichtsschritte	1. Ref.: Die Rolle des Dorfklatsches; 2. Ref.: Die Rolle des Aberglaubens und Glaubens; 3. Ref.: Die Rolle der Justizbehörden, der „Obrigkeit", 4. UG: Die Abweichungen in der Fontane-Erzählung vom landläufigen „Krimi"; 5. LV: Kurze Darstellung von Leben und Werk Fontanes.
Methodische Hilfen / Impulse	Im Anschluß an jedes Ref. sollte der Lehrer versuchen, Verbindungslinien zwischen damals und heute herzustellen durch Hinweise – auf Klatschspalten in der Presse, – auf Klatsch innerhalb der Nachbarschaft, der Verwandschaft etc., – auf Formen heutigen Aberglaubens (Maskottchen im Auto, Glücksbringer, Amulette etc.), – auf Fälle, in denen die „Blindheit" auch heutiger Behörden zutage getreten ist (und sei es nur der Hinweis auf die mehr oder minder hohe Aufklärungsquote bei Mordfällen). Die Hinweise appellieren an die Eigenerfahrungen der Schüler; sie sollten jedoch nicht allzu weit vom Fontane-Text wegführen. Zum UG (Punkt 4): Hier bietet sich die Rückkopplung an die Voraus-Sequenz an. Ist auf diese verzichtet worden, so könnte aus Zeitersparnisgründen der Lehrer selber kurz aufzählen, was zu einem Kriminalroman (oder -film) als Gattung gehört (siehe dort Stichwort: unabdingbare Bestandteile, Tatmotive). Damit gibt er den Schülern einen festen Rahmen, der hilft, Abweichungen zu registrieren. Möglichkeit: Liste der Gattungsmerkmale auf hektographiertem Blatt den Schülern vorlegen.

Zum LV (Punkt 5):
Beim Überblick über Fontanes Werk wird der Lehrer noch einmal *Unterm Birnbaum* erwähnen, die Entstehungszeit nennen und die autobiographischen „Einschläge" herausstellen, die die Erzählung aufweist (Fontanes Kenntnis des Ortes, der Zeit, der Bewohner, der lokalen Vorfälle und Gegebenheiten).

Zusätzlich für 11. Kl. Sek. II
Zum LV (Punkt 5). Denkbar wäre folgende Alternative:
a) Die Schüler informieren sich selbst über Fontanes Leben und Werk;
b) der Lehrer spricht von *Unterm Birnbaum* als einer **historischen Erzählung**, in der unterschwellig eine kritisch-oppositionelle Thematik anklingt, die im Gegensatz zum damaligen offiziellen Selbstverständnis des preußisch-protestantischen Staates und seines Herrscherhauses stand; denn in der Fontane-Erzählung
 – wird an Adolf Glaßbrenner erinnert, den Kritiker reaktionär-restaurativer Tendenzen,
 – wird Hradschecks Schwärmen für Freiheit und Revolution erwähnt und auf seinen Auswanderungsversuch hingewiesen,
 – wird das Schwadronieren preußischer Offiziere herausgestellt, die das eigene Herrscherhaus kritisieren und die Frage nach der „Konstitution" und damit die wichtigste politische Frage in der ersten Hälfte des vorigen Jahrhunderts lächerlich machen,
 – wird die Situation einer Katholikin (Ursel) in protestantischer Umgebung dargestellt,
 – wird das Versagen des protestantischen Geistlichen (Eccelius) geschildert,
 – wird ausführlich der Polen-Aufstand beschrieben, vom Freiheitskampf gegen Fremdherrschaft.

5
Klassenarbeiten und Klausurvorschläge

Sekundarstufe I:

1. Aufgabe: Textanalyse
Textstellen S. 7–9 und 15–20:
a) Was erfahren wir über die Vergangenheit Abel Hradschecks, was über diejenige Ursels?
Wie stellt sich das Verhältnis der Eheleute in Vergangenheit und Gegenwart dar?

b) Beschreiben Sie die Einstellung Ursels und Abels zu Fragen richtigen Wirtschaftens!

2. Aufgabe: Textanalyse
Textstelle S. 60–64:
a) Arbeiten Sie die Absicht heraus, die Geelhaar mit seinem Besuch bei Mutter Jeschke verfolgt! Beschreiben Sie das Sprachverhalten der Mutter Jeschke!
b) Belegen Sie die umgangssprachliche Redeweise Geelhaars an Beispielen!

3. Aufgabe: Textanalyse
Textstelle S. 88–90:
a) Welche religiösen Einstellungen werden im Gespräch der Eheleute deutlich? Ziehen Sie selbständig weitere Textstellen dazu heran!
b) Erklären Sie die Anspielungen, besonders die von seiten Ursels! Wovon wird hier geredet?

Sekundarstufe II, speziell Klasse 11

1. Aufgabe und Textstelle wie Sek. I; zusätzlich:
c) Charakterisieren Sie das Ehepaar Hradscheck. Ziehen Sie selbständig auch andere signifikante Textstellen dazu heran!

2. Aufgabe und Textstelle wie Sek. I; zusätzlich:
c) Beschreiben Sie die soziale Rolle der Jeschke innerhalb der Dorfbevölkerung. Gehen Sie dabei auf die erzählerischen Mittel ein, die dazu dienen, die Besonderheiten dieser Rolle hervorzuheben.

3. Aufgabe und Textstelle wie Sek. I; zusätzlich:
c) Bestimmen Sie Rolle und Funktion des Glaubens, Unglaubens und Aberglaubens in dieser Erzählung.
d) Erläutern Sie Sinn und Aufgabe der in der Erzählung vorkommenden Sprachebenen: Hochsprache, Amtssprache, Umgangssprache, Dialekt.

Anhang

Anmerkungen

[1] In freier Anlehnung an eine Formulierung von Aust (1977).
[2] Es ist nicht falsch, die Erzählung Fontanes als eine „Brotarbeit" des damals schwer um Anerkennung ringenden Dichters zu bezeichnen, so bei Sichelschmidt (1986), S. 261.
[3] Daten nach: Fontane (1977), Bd. 2, S. 335–341.
[4] Zitiert nach: Fontane (1969), Bd. 2, S. 46 ff. (Die Zitate ab S. 47, Hoppemarieken ab S. 53 ff.)
[5] Fontane (1977), Bd. 2, S. 189.
[6] Ebd., S. 227.
[7] Ebd., S. 233.
[8] Ebd., S. 234.
[9] Ebd., S. 227.
[10] Nach Jahn (^{1}1969), S. 552.
[11] Diese und die nachfolgende Rezension ebd.
[12] Demetz (1964), S. 80.
[13] Ebd., S. 85.
[14] Nürnberger (1968), S. 133 f.
[15] Demetz (1964), S. 87.
[16] Martini (1962), S. 763 f.
[17] Müller-Seidel (1975), S. 227.
[18] Schlaffer (1966), S. 393 f. Das Zitat ist – entgegen üblicher Gepflogenheit in sich behutsam gekürzt, ohne daß die Kürzungen der besseren Lesbarkeit wegen gekennzeichnet sind.
[19] Fontane (1968), Bd. 2, S. 159, 91, 345.
[20] Fontane (1977), Bd. 2, S. 339.
[21] Freund (1975), S. 93; vgl. auch Freund-Spork (1987), S. 4.
[22] Ruttmann (1968), S. 134.
[23] Löffel (1982), die „Analyse der Handlungsführung" S. 319–324; das Zitat S. 324.
[24] Reuter (1968), Bd. 2, S. 632 f.
[25] Vgl. Demetz (1964), S. 84 f.
[26] Ruttmann (1968), S. 135.
[27] Zitate aus dem wegen seiner inneren Spannweite instruktiven Kapitel „Fontanes Pitaval" bei Demetz (1964), S. 84 f.
[28] Ebd.
[29] Der Festartikel erschien in der Beilage der „Vossischen Zeitung" vom 29.12.1889; zitiert nach Jahn (^{1}1969), S. 554.
[30] Reuter (1968), Bd. 2, S. 633. Es ist Reuters Verdienst, an die historische Komponente wieder erinnert und „Unterm Birnbaum" – wie übrigens schon Paul Schlenther – in die Nähe der Erzählung „Schach von Wuthenow" gerückt zu haben.
[31] Vgl. Texte Glaßbrenners in dem Reclam-Bändchen „Das junge Deutschland. Texte und Dokumente" (UB 8703-07), S. 24, 133, 158, 256, 325; auch die biogra-

phische Notiz S. 400. Vgl. auch Killy (1960), S. 167 und 186, und Killys Hinweis auf Glaßbrenner, S. 12.

[32] Keitel (o. J.), S. 155.
[33] Fontane (1968), Bd. 1, S. 447f.
[34] Nach Gill (1979), S. 414.
[35] Fontane (1977), Bd. 2, S. 185.
[36] Fontane (1925), S. 30.
[37] Nach Gill (1979), S. 425.
[38] Ebd., S. 414ff.
[39] Spremberg, zitiert nach Jahn (^{1}1969), S. 541f.; vgl. auch Gill (1979), S. 414f. mit geringen Abweichungen.
[40] Fontane (1969), Bd. 15, S. 101f.
[41] Ruttmann (1968), S. 129f.; Gill (1979), S. 415f.
[42] Fontane (1969), Bd. 15, S. 117f.
[43] Reuter (1968), Bd. 2, S. 786.
[44] Brief vom 15.2.1896; zitiert nach Reuter (1968), Bd. 2, S. 787.
[45] Ebd.
[46] Brief vom 14.1.1879 an W. Hertz; zitiert nach Reuter (1968), Bd. 2, S. 787.
[47] Mit dem genannten Phänomen befaßt sich besonders die Arbeit von Hubert Ohl.
[48] Die folgenden Zitate sind entnommen Aust (1977), S. 44–51.
[49] „En beten Beschriewung, en beten Idyll" hieß es schon in seinem Huldigungsgedicht an Klaus Groth; Fontane (1969), Bd. 15, S. 367.
[50] Demetz (1964), S. 124.
[51] Immer wieder gibt der Erzähler solch winzige Hinweise auf Gruppenzugehörigkeit und Sozialstatus seiner Figuren.
[52] Hier widerspreche ich Demetz, der die Blindheit des Eccelius etwas überzubetonen scheint (S. 89). Sie ist nur Moment unter anderen Momenten.
[53] Das alles hängt zusammen mit der Art Fontanescher Menschendarstellung, die Schillemeit beschreibt: „Immer wieder werden wir über Personen, ihr Verhältnis zueinander und ihre Situation dadurch verständigt, daß sie selbst sich ineinander spiegeln. F. bemüht sich nicht, ihr ‚an sich' bestehendes Wesen zu beschreiben. Statt dessen gibt er sie in dem, was sie füreinander sind", Schillemeit (1961), S. 28.
[54] Vgl. das Kapitel „Fontanes Gesprächsstil". In: Martini (1962), S. 767ff., besonders die Passagen S. 769.
[55] Schon Gilbert (1930) bemerkt, daß das Prinzip Fontanes, die Ereignisse nur durch den Mund seiner Romangestalten erzählen zu lassen, die Aufmerksamkeit von den Geschehnissen ab- und auf die Menschen zurücklenkt (S. 70).
[56] Goethe (1939), Faust I, Verse 860–863.
[57] Schnabel (1965), Bd. 4, S. 147: „Wenn nach 1815 im aktiven preußischen Offizierskorps der Adel infolge der Freiheitskriege nur noch eine knappe Mehrheit über die Bürgerlichen besaß […], so änderte sich dies bis zur Roonschen Heeresvermehrung völlig: viele Regimenter, die in den Freiheitskriegen noch unter bürgerlichen Offizieren gefochten hatten, waren ganz adelig geworden."
[58] Die Bemerkungen zu Louis Philippe sind angelehnt an Formulierungen in Friedells Kulturgeschichte ($^{23\text{-}27}$1931), S. 104f.; ‚Goldene Tage': Stein (1968), S. 894.
[59] Schnabel (1965), S. 18.

[60] Ebd., S. 24.
[61] Ebd., S. 23.
[62] Ebd., S. 46.
[63] Ebd., S. 52. Vgl. dazu auch das instruktive Kapitel „Das preußische Offizierskorps". In: ebd., Bd. 4, S. 146 ff.
[64] Zitiert nach Steinbach (1973), S. 50.
[65] Fontane bezeugt diese Einstellung noch für 1848: „Vor dieser Zeit staatlicher Gründung beziehungsweise Zusammenfassung (17./18. Jh.) hatten in den einzelnen Landesteilen allerdings mittelalterlich ständische Vertretungen existiert, auf die man jetzt [...] zurückgreifen wollte. Das war dann, so hieß es, etwas ‚historisch Begründetes', viel besser als eine ‚Konstitution', von der es [...] feststand, daß sie etwas Lebloses sei, ein bloßes Stück Papier [...] Wiederherstellung und Erweiterung des ‚Ständischen', darum drehte sich alles", Fontane (1969), Bd. 15, S. 192.
[66] Schnabel (1965), Bd. 4, S. 151.
[67] Nach den Ausführungen im Fischer-Lexikon, Geschichte in Gestalten, Bd. 3, S. 224 f.
[68] Die Lieder aus Holteis „Der alte Feldherr" bezogen sich überdies auf den Polenaufstand; vgl. Fontane, „Meine Kinderjahre". In: Fontane (1969), Bd. 15, S. 118.
[69] Fontane, „Von Zwanzig bis Dreißig", zitiert nach Fontane (1960), S. 546.
[70] Marx/Engels (^{3}1957), S. 187.
[71] Fontane an Maximilian Harden, 22. 7. 1895: „Unser Nationalheiliger ist der Eckensteher Nante", zitiert nach Fontane (1960), S. 546.
[72] Zitiert ebd., S. 332.
[73] Ruttmann (1968), S. 135.
[74] Vgl. König (1958), S. 104, dort auch die hier verwendeten Begriffe.
[75] Dostojewsky (1960), S. 19.
[76] Alain, zitiert nach Benjamin (1955a), S. 225.
[77] Ebd. S. 242; vgl. auch S. 226. NB: Die Ausführungen über das Spiel sind Benjamin stark verpflichtet.
[78] „Ellernklipp", Fontane (1969), Bd. 4, S. 173.
[79] Demetz (1964), S. 89.
[80] Adorno (1951), S. 46.
[81] Ebd., S. 144.
[82] Ebd. Untertitel von Adornos „Minima Moralia": Reflexionen aus dem beschädigten Leben.
[83] Dingeldey (1972), S. 268.
[84] Brecht (1971), Bd. 2, S. 318.
[85] Dingeldey (1972), S. 271.
[86] Vgl. Klose (1961), S. 1.
[87] Freund-Spork (1987), S. 8 ff.
[88] Keseling (1988), S. 22 ff.; zu Hradscheks Plan S. 32 f.
[89] Horstmann (1979), S. 68 ff.
[90] Ebd., S. 71.
[91] Ebd., S. 72.
[92] Löffel (1982), S. 326 ff.
[93] Ebd., S. 329.
[94] Vgl. in diesem Zusammenhang die Ausführungen Tippkötters (1971).
[95] Schlaffer (1966), S. 395.

[96] Zum Problem einer Unterrichtsreihe mit dem Ziel, Theorie und Geschichte der Gattung Kriminalroman aufzuarbeiten s. den Aufsatz von Dingeldey (1972), S. 272f.; s. in diesem Zusammenhang auch Dingeldeys kleine Chandler-Interpretation, ebd. S. 273f. Vgl. auch den instruktiven Aufsatz von Goette/Kircher (1979); dort auch zahlreiche Hinweise auf einschlägige Literatur.
[97] Goette/Kircher (1979), S. 63f.
[98] Benjamin (1955a), S. 70.
[99] Fromm (^{4}1976), S. 227; die Aufgliederung der Tatmotive in Anlehnung an Dingeldey (1972), S. 270.
[100] Dingeldey (1972), S. 272f.

Literaturverzeichnis

Primärliteratur

Fontane, Theodor (1969): Unterm Birnbaum, Stuttgart
- (1969): Romane und Erzählungen in acht Bänden. Bd. 4: Unterm Birnbaum. Berlin, Weimar
- (1969): Nymphenburger Taschenbuch-Ausgabe in 15 Bänden, München
- (1960): Schriften zur Literatur, Hans-Heinrich Reuter (Hrsg.). Berlin (Ost)
- (1925): Wanderungen durch die Mark Brandenburg. Zweiter Teil: Das Oderland Barnim-Lebus. Von den Söhnen Theodor und Friedrich Fontane herausgegeben. Stuttgart, Berlin
- (1968): Briefe. 2 Bde. Gotthard Erler (Hrsg.). Berlin, Weimar
- (1977): Der Dichter über sein Werk. 2 Bde. Gotthard Erler (Hrsg.). Berlin, Weimar

Sekundärliteratur

Adorno, Theodor W. (1951): Minima Moralia. Reflexionen aus dem beschädigten Leben. Frankfurt
Artmann, H. C. (Hrsg.) (1971): Detective Magazin der 13. Salzburg
Aust, Hugo (1977): Die Bedeutung der Substitute für die Interpretation. Zu Theodor Fontanes „Unterm Birnbaum". DU 29, H. 6, 44–51
Benjamin, Walter (1955a): Über einige Motive bei Baudelaire. In: ders., Illuminationen. Ausgewählte Schriften. Frankfurt
- (1955b): Goethes Wahlverwandtschaften. In: ders., Illuminationen. Ausgewählte Schriften. Frankfurt
Brecht, Bertolt (1971): Über die Popularität des Kriminalromans. In: Der Kriminalroman. Zur Theorie und Geschichte einer Gattung. Jochen Vogt (Hrsg.). 2 Bde., München
Demetz, Peter (1964): Formen des Realismus: Theodor Fontane. Kritische Untersuchungen. München
Dingeldey, Erika (1972): Erkenntnis über Vergnügen? Vorwiegend didaktische Überlegungen zum Kriminalroman im Unterricht. Diskussion Deutsch, H. 9, 266–274
Dostojewsky, Feodor M. (1960): Der Spieler. Aus den Aufzeichnungen eines jungen Menschen. Hamburg
Finckh, Eckhard (Hrsg.) (1974): Kriminalgeschichten. Stuttgart
Freund, Winfried (1975): Theodor Fontane: Unterm Birnbaum. In: Die deutsche Kriminalnovelle von Schiller bis Hauptmann, S. 85–94. Paderborn
Freund-Spork, Walburga (1987): Theodor Fontane: Unterm Birnbaum. Stuttgart (= Reclams Lehrpraktische Analysen. Folge 25 für Haupt- und Realschule)
Friedell, Egon ($^{23-27}$1931): Kulturgeschichte der Neuzeit, Bd. 3. München
Fromm, Erich (^{4}1976): Analytische Sozialpsychologie und Gesellschaftstheorie. Frankfurt
Gilbert, Mary-Enole (1930): Das Gespräch in Fontanes Gesellschaftsroman. Leipzig (Palaestra 174)

Gill, Manfred (1979): Letschin in Fontanes Kriminalnovelle „Unterm Birnbaum". Fontane-Blätter. Bd. 4, H. 5 (= H. 29 der Gesamtreihe). Potsdam

Goethe, Johann Wolfgang (1939): Faust und Urfaust. Leipzig

Goette, Jürgen-Wolfgang/Kircher, Hartmut (1979); Kriminialliteratur im Unterricht. Diskussion Deutsch. H. 45, 54–57

– (1978): Kriminalgeschichten. Texte von Edgar Allan Poe bis Max von der Grün. Frankfurt (= Texte und Materialien zum Literaturunterricht)

Herzfeld, Hans (Hrsg.) (1963): Geschichte in Gestalten. Das Fischer Lexikon, Sonderband. Bd. 3, Frankfurt

Heißenbüttel, Helmut (1971): Spielregeln des Kriminalromans. In: Der Kriminalroman. Bd. 2. Jochen Vogt (Hrsg.). München

Horstmann, Ulrich (1979): Bastelei und respektloses Interesse: Für einen unprätentiösen Literaturunterricht. Disskussion Deutsch. H. 45, 68–73

Jahn, Jürgen (^{1}1969): Nachwort und Anmerkungen zu „Unterm Birnbaum". In: Theodor Fontane: Romane und Erzählungen in acht Bänden. Bd. 4. Berlin, Weimar

Keseling, Ilse (1988): Theodor Fontane: Unterm Birnbaum. Lehrerheft. Klassische Schullektüre. Frankfurt

Keitel, Walter (o.J.): Nachwort zu „Schach von Wuthenow". In: Theodor Fontane: Schach von Wuthenow. Stuttgart

Killy, Walter (Hrsg.) (1960): Zeichen der Zeit. Ein deutsches Lesebuch. Bd. 3. Frankfurt, Hamburg

Klose, Werner (1961): Annette von Droste-Hülshoff: Die Judenbuche. Stuttgart (= Reclams Lesestoffe/Lehrpraktische Analysen, Folge 13)

König, René (1958): Grundformen der Gesellschaft: Die Gemeinde. Hamburg

Löffel, Hartmut (1982): Fontanes „Unterm Birnbaum". Diskussion Deutsch. 66, 319–330

Martini, Fritz (1962): Deutsche Literatur im bürgerlichen Realismus 1848–1898. Stuttgart

Marx, Karl/Engels, Friedrich (^{3}1957): Die deutsche Ideologie. Berlin

Müller-Seidel, Walter (1975): Theodor Fontane. Soziale Romankunst in Deutschland. Stuttgart

Nürnberger, Helmuth (1968): Theodor Fontane in Selbstzeugnissen und Bilddokumenten, Hamburg

Ohl, Hubert (1968): Bild und Wirklichkeit. Studien zur Romankunst Raabes und Fontanes. Heidelberg

Reuter, Hans-Friedrich (1968): Fontane. 2 Bde. München

Ruttmann, Irene (1968): Nachwort zu „Unterm Birnbaum". In: Theodor Fontane: Unterm Birnbaum. Stuttgart

Schillemeit, Jost (1961): Theodor Fontane. Geist und Kunst seines Alterswerks. Zürich

Schlaffer, Heinz (1966): Das Schicksalsmodell in Fontanes Romanwerk. Konstanz und Auflösung. Germanisch-Romanische Monatsschrift. Neue Folge Bd. 16, 392–409.

Schnabel, Franz (1965): Deutsche Geschichte im 19. Jahrhundert. S. 201–208. Freiburg

Sichelschmidt, Gustav (1986): Theodor Fontane. Lebensstationen eines großen Realisten. München

Spremberg, Helene (1928): Fontanes „Unterm Birnbaum". Nach mündlicher Überlieferung und handschriftlichen Aufzeichnungen. Brandenburg. Zeitschrift für Heimatkunde, 6, H. 2.
Stein, Werner (1958): Kulturfahrplan. Berlin, Darmstadt, Wien
Steinbach, Dietrich (1973): Die historisch-kritische Sozialtheorie der Literatur. Stuttgart
Tippkötter, Horst (1971): Theodor Fontanes Zeitromane im Kursunterricht der Sekundarstufe II. Ein Unterrichtsmodell für Grund- und Leistungskurse. DU 29, H. 4
Vogt, Jochen (Hrsg.) (1971): Der Kriminalroman. Zur Theorie und Geschichte einer Gattung. 2 Bde. München

Zeittafel zu Leben und Werk

1819	geboren am 30. Dezember in Neuruppin
1827	Umzug der Familie nach Swinemünde
1832	Eintritt Gymnasium in Neuruppin
1833	Eintritt Gewerbeschule in Berlin
1836	Beginn Apothekerlehrzeit
1840	Apothekergehilfe
1844	Beginn Militärjahr, Reise nach England, Aufnahme in den Literarischen Sonntagsverein „Tunnel über der Spree"
1847	Approbation als Apotheker erster Klasse
1848	Barrikadenkämpfe 18. März, im Krankenhaus Bethanien angestellt
1849	Freier Schriftsteller, Korrespondent der „Dresdner Zeitung"
1850	Eintritt in das „Literarische Kabinett", Heirat
1852	Korrespondent in London
1855–59	Aufenthalt in London
1858	Reise nach Schottland
1860	Eintritt in die Redaktion der „Kreuzzeitung"
1864	Reise nach Schleswig-Holstein und Dänemark
1865	Reise an den Rhein und in die Schweiz
1866	Reise zu den böhmischen und süddeutschen Kriegsschauplätzen
1870	Bruch mit der „Kreuzzeitung", Theaterrezensent „Vossische Zeitung", Festnahme in Domremy, Rückkehr nach Berlin
1871	Reise nach Frankreich
1874	Italienreise
1875	Reise in die Schweiz und nach Oberitalien
1876	Ständiger Sekretär der Akademie der Künste in Berlin, Rücktritt, Entlassung
1894	Ehrendoktor der Philosophischen Fakultät der Universität Berlin
1898	Theodor Fontane am 20. September in Berlin gestorben

Romane

1878	*Vor dem Sturm*
1879	*Grete Minde*
1880	*L'Adultera*
1881	*Ellernklipp*
1882	*Schach von Wuthenow*
1884	*Graf Petöfy*
1885	*Unterm Birnbaum*
1887	*Cécile, Irrungen, Wirrungen*
1890	*Stine, Quitt*
1891	*Unwiederbringlich*
1892	*Frau Jenny Treibel*
1894	*Meine Kinderjahre, Effi Briest*
1895	*Die Poggenpuhls*
1898	*Von Zwanzig bis Dreißig, Der Stechlin*
1905	*Mathilde Möhring*

Bücher zur Kriegsgeschichte
Journalistische Arbeiten
Wanderungen durch die Mark Brandenburg (1862–1882, 4 Bände)
Balladen: Nordisches, Englisch-Schottisches, Preußisches
Lyrik: Märkische Reime, Gelegenheitsgedichte
Lieder und Sprüche
Fragmente

Raum für Notizen:

Raum für Notizen:

Raum für Notizen:

Diktate schreiben kein Problem: auch in der neuen Rechtschreibung

Lilo Banse

Das Diktatmagazin

112 Seiten, broschiert, Best.-Nr. 15143-6

Dieses Magazin für Lehrer/innen und Eltern wurde nach der neuen Rechtschreibung vollständig überarbeitet. Es enthält Diktattexte zur Übung und Lernzielkontrolle.

Alle wichtigen Bereiche des Rechtschreibunterrichts und der Zeichensetzung für die Klassen 5–10 werden angesprochen.

Welche Vorteile bietet Ihnen diese Diktatsammlung gegenüber anderen?

- ansprechende Themen: Abenteuer/Fantastisches, Tiere, Stadt/Natur/Umwelt, Technik und Arbeit, die Erlebniswelt Jugendlicher
- Sachtexte und erzählende Texte: Reiseberichte, Erlebnisschilderungen, Lügengeschichten, Schwänke und Fabeln
- einen klaren und übersichtlichen Aufbau: jeder Text und die darin enthaltenen Lerngegenstände zur Rechtschreibung und Zeichensetzung sind auf einer eigenen Seite abgedruckt. Wörter und Regeln nach der neuen Rechtschreibung fallen sofort ins Auge.
- Die Texte sind nach Schwierigkeitsgrad gestaffelt und beinhalten je eine spezielle Rechtschreibhürde neben zusätzlichen Problemfällen.
- Alle Texte, die jeweils ein Rechtschreibproblem schwerpunktmäßig behandeln, finden Sie im gut gegliederten Inhaltsverzeichnis – auf einen Blick.

Das Diktatmagazin
100 Texte zur Rechtschreibung und Zeichensetzung
Lilo Banse
Oldenbourg

Oldenbourg

In Deutsch: topfit!

Gerhard Schoebe, Christiane von Schachtmeyer (Hrsg.)

topfit Deutsch

topfit Deutsch – Rechtschreibreform
32 S., DIN A4, Best.-Nr. 87009-2

topfit Deutsch – Grammatik
Heft 1 (5. Schuljahr), 64 S., DIN A4, Best.-Nr. 87012-2
Heft 2 (6. Schuljahr), 64 S., DIN A4, Best.-Nr. 87013-0
Heft 3 (7. /8. Schuljahr), 64 S., DIN A4, Best.-Nr. 87014-9

topfit Deutsch – Rechtschreibung
Heft 1 (5. Schuljahr), 64 S., DIN A4, Best.-Nr. 87015-7
Heft 2 (6. Schuljahr), 64 S., DIN A4, Best.-Nr. 87016-5
Heft 3 (7. /8. Schuljahr), 64 S., DIN A4, Best.-Nr. 87017-3

topfit Deutsch – Erörterung
(9./10. Schuljahr), 72 S., DIN A4, Best.-Nr. 87002-5

topfit Deutsch – Jugendbuch/Kurzvortrag
(7./8. Schuljahr), 64 S., DIN A4, Best.-Nr. 87005-X

topfit Deutsch – Inhaltsangabe
(7./8. Schuljahr), 64 S., DIN A4, Best.-Nr. 87003-3

topfit Deutsch – Texte erschließen
(7.-10. Schuljahr), 64 S., DIN A4, Best.-Nr. 87004-1

topfit Deutsch – Gestaltendes Schreiben
(7./8. Schuljahr), 64 S., DIN A4, Best.-Nr. 87007-6

Die Reihe *topfit Deutsch* bildet eine ideale Ergänzung zu jedem Sprachbuch. Sie enthält Arbeitshefte zur Grammatik und Zeichensetzung, Rechtschreibung und Schreiberziehung. Neben den üblichen Aufsatzarten werden auch Hefte zum produktiven Schreiben und zur Textanalyse angeboten. Die Hefte zur Grammatik und Rechtschreibung sind abgestimmt auf die *Schoebe Elementargrammatik*.

Stand: 1996 · Die Reihe wird fortgesetzt.

Oldenbourg